我逃跑時的臉孔最勇敢

나는 도망칠 때 가장 용감한 얼굴이 된다

尹圪／著　金秀顯／繪　陳靖婷／譯

前言二 讓逃跑成為勇敢的理由

閱讀傑夫·戴爾（Geoff Dyer）的文章，彷彿被揪著領口。他明明在嘲弄自己，但卻如同牽著讀者的手走進文字世界，讓人動彈不得。七年前擔任編輯負責的書中，就遇上了這樣的段落。

人在外面，就想進到裡面，人在裡面，就想去外面。嚴重一點時，腦中閃過稍坐一下的想法，一坐下就覺得該站起來，站起來後又想坐下來。我在這般起身坐下的過程中，虛耗了人生。

究竟有多少人，能在這樣的狀態中自由？工作時想離職、分手後開始思念。

可笑的是，當我們下定決心要離職後，就會想起必須繼續工作的理由；想要撥通電話給分手的戀人，卻又無法克制地想起不得不分開的原因。左右為難的時光，填滿了我們的人生，時間走遠以後，我們才恍然訝異，原來自己也不清楚所求為何。

這本書將自己的心情比喻為「廢墟」，如同傑夫．戴爾的方式，將複雜的心情以銳利的語言呈現。他說動物逃跑時，至少會往同樣的方向移動，而自己腦中的意念，卻會走往四面八方。他診斷自己所處的狀況，比成群逃跑的動物還要危在旦夕。

約莫此時，我將「逃跑」視為人生最重要的關鍵字，這也是我下定決心以逃跑為主題書寫的最初契機。動物至少能往同樣的方向前進，而我們最實際需要的，其實是從不清楚自己所求為何的無力感中逃脫。

當然，逃跑絕對不如想像中容易。大家都認為逃跑是卑鄙之事，所以我們不僅會嘲笑別人，當自己逃跑時，也會深感無力與敗北。佇立於逃跑這個選擇前，不論是多麼妥當的理由，都只不過是藉口而已。因此大家寧願左右搖擺，駐守在原地打轉。

並非只要下定決心就能擁有逃跑的勇氣，我們需要的是營造逃跑理由的技巧。首要之務是確實分辨藉口與理由，擁有十足的逃跑理由，才能免於受傷害。其實逃跑並不可恥。詩人白石曾說過，前往山林並非輸給世界；古代兵書三十六計也有「走為上策」之計。然而，沒有準備的逃跑，會招致巨大的打擊。轉身背對敵人的瞬間難防中箭，錯誤的逃跑，帶來的傷害遠超乎正面對決。

逃跑，必須好好地跑。逃跑需要十足的理由，不能盲目地逃。請以逃跑之名，盡力守護自己的尊嚴。這也是本書存在的理由。從小，我們聽了許多關於不要輕言放棄、遇到困難要堅持下去，不要當個膽小鬼等諸如此類的建議和忠告，但可能不曾有人建議過可以逃跑。

我曾經有過好好逃跑之時，也曾經待到滿目瘡痍才離開；我曾經堅持到最後壯烈戰敗，也曾經勇敢戰鬥至緊握勝利。歷經過無數輪迴後才明白，成功的逃跑不僅能完整的守護自己，也是前往下一個階段的跳板。

書中的內容都有標記出處。其中有實際的經歷，和周遭人物的改寫，更有歷史人物與小說虛構人物的登場。相較於胡亂編造的世界，本書更趨近於幫助你打造符合理想的現實。文學與哲學對我的生命影響極深，書中的論點也藉此而強化。如果那些偉大的作家與哲學家知道自己被這樣的書籍提及，想必會十分訝異吧。

幾乎沒有一種逃跑，能夠不承受任何打擊，我自己再清楚不過，因此書中不會要各位盲目而從，更不會煽動各位逃離現實。逃跑對我來說是守護自己的最佳武器，希望透過此書與各位分享。

希望各位盡可能閱讀到最後，並且感受彷彿參與遊戲般的成就感。如果你穿著高跟鞋，立刻換上運動鞋吧！而且記得綁好鞋帶！

目次

1

沒有什麼比和自己的約定更珍貴

逃避並非放棄一切，
也絕非等待死亡。
假若放棄是通往目標的休止符，
那麼逃避，
就是為了生存，朝反方向全力奔馳。

☸ 世界上距離逃避最遙遠的男人

美國代表性現代文學小說家菲利普・羅斯（Philip Roth）曾獲普立茲獎和美國國家圖書獎，也曾在白宮受頒國家藝術勳章，為巨擘中之巨擘。他一九五九年透過《再見，哥倫布》（*Goodbye, Columbus*）出道，二〇一〇年發表最後作品《報應》（*Nemesis*），五十多年來寫作不懈，作品達三十多部。菲利普・羅斯的光芒並不短暫，他的一生都奉獻於寫作，是位不折不扣的小說家。

菲利普・羅斯生平和逃避扯不上關係，若翻開他這本以「逃避」為主題的書籍，會產生違和感嗎？面對生命的矛盾與困惑，都予以正面迎擊的他，曾否揚起想要逃避的念頭？

先從結論談起，菲利普・羅斯也曾經逃避過。身為作家的他，最果敢的逃避就是在二〇一二年以存在主義之名而逃的封筆宣言。在完成《報應》一書的兩年後，他公開宣布封筆退休。當時的他，已近八十歲高齡，可以想見如此的封筆宣言，重量不在話下。

封筆後的六年——二〇一八年五月，他以八十五歲的高齡辭世。正如他所言，《報應》是他的最後作品。執筆創作小說超過五十年的他，突如其來下定決心封筆，絕非出於偶然。無法再拜讀崇拜作家的文章固然可惜，但他究竟為何出此決定，又為何決定選擇逃離？

他封筆的原因很直白——不想再書寫任何東西。身為作家，想要傳達的話已然道盡，已不存在寫作的理由了。如果是菲利普·羅斯，確實有資格出此言。不假修飾的宣言，不僅有作家的說服力，更是打動人心。面對如此真實的理由，沒有任何人會感到不妥。

但是，或許這也僅止於檯面上的理由，真正的原因無從得知。他宣布封筆的時機，並非發表《報應》的二〇一〇年，而是發表的兩年後。這兩年期間，說不定他也曾有過想寫的故事。

那麼，他逃避的真正緣由為何？真正的原因，似乎就藏於他的最後作品——《報應》之中。《報應》一書談的是該逃避時無法逃避，不該逃避時才選擇逃避的男人，遭受到「天譴」的故事。

《報應》中的男主角康托，不同於他的其他朋友，他沒有參加第二次世界大戰。因為視力問題，他被排除於徵召名單之外。身為體育老師的他，心中自覺虧欠，而更賦予自己幫助紐瓦克地區的孩子遠離傳染病（小兒麻痺症）的重任，即使在孩子們接二連三染病時，他仍堅守著崗位。

後來，他的女朋友瑪西婭看不下去了，催促他離開紐瓦克，來到自己所在的印第安山。印第安山，是當時尚未有任何染病案例的清淨之地。康托多次回絕，但終究無法拒絕心愛女友的殷切懇託。於是他離開了紐瓦克，來到印第安山。然而，即使身處印第安山的幸福日子中，視力問題、女友的懇求、逃避戰爭和傳染病等一切事情，都讓他更深受罪惡感的荼毒而無法釋懷。

康托所受之罰，究竟為何？原來，在來到印第安山之前，他早已染病。雖然無法得證，但之前傳染病在紐瓦克孩子間快速傳開，繼而在清淨之地印第安山開始傳播，似乎都起因於他。後來，他因發病身體逐漸麻痺，終於無法再逃避，只能對自己復仇性的選擇離開。

讀了《報應》，彷彿可以解讀菲利普·羅斯為何選擇在八十歲時宣布封筆。康托的詛咒，起因於人生無從選擇。無法參與世界大戰、無法守護紐瓦克，甚至逃避到印第安山，都並非出自他的選擇。他的生命總被一股力量推動著，讓心思細膩的他深受罪惡感所折磨。

其實最重要的，並非是否選擇逃避。即使逃避，只要這個選擇出自於自我意志，便能獲得諒解。菲利普·羅斯的封筆，是否也是出於此因？不是因為年紀大無法寫，也並非不想再創作，而是出於堅定的自我意志，決定不再執筆，所以出此宣言。

他所留下的名言——「尋找靈感之人，終究是業餘者，我們起而行」。仔細咀嚼，更能感受到他封筆的悲壯。話說回來，他的逃避並非逃避，不管是文學或思想界，甚至是與之理念不合的人，都會對他的作家生涯深表敬意，而無關乎他是否善於寫作，或其理念思想。

☸ 閱讀勵志書時需要的武器

有些有閱讀習慣的人，對勵志書嗤之以鼻，過去的我也是這樣的人。對於勵志書的抗拒，來自於以自我為中心的態度。認為自己不需要改變，或即使需要改變，也不想付出努力，因此拒絕一切建議。擁有如此想法的人，通常過著安穩的生活，他們不太因小事而動搖，也不會羨慕別人，凡事皆採取防禦的態度，不輕易透漏願望，也避免失望或受傷。

很意外地，閱讀勵志書的人基本上都是樂觀主義者。他們希望自己成為更好的人，相信付出努力就能讓自己更好。他們想要的很多，舉凡愛、金錢、健康、語言能力、關係改變或升遷等等，都會努力爭取。也只有樂觀主義者，才有辦法持續堅持。

我是在這幾年間，轉變為閱讀勵志書的人。自我突破這件事，本身就是有意義之事，但也不例外的存在著優缺點。最大的優點無非是拓展了自我世界，體認自己不是一成不變之人、自己是有能力改變的，進而更能夠接受新挑戰。而最大的缺點，莫過於不少自己的面貌消失。因為希望自己更好，難免會將過程中產生的違合感，認定為自己仍有許多不足之處。

愈讀勵志書，愈清楚自己未能達到金錢、健康、人際關係、語言能力、工作量等目標的不足。**如果沒有這樣的激勵，就不能讓自己產生更好的原動力，所以，**

適當且維持在健康水準的自卑和不足感，會為我們帶來一些幫助。但若是閱讀勵志書時抓不到平衡，反而會傷害到自己。

維持這個平衡的最佳武器，就是逃跑。我們能透過勵志書鞭策自己成長，或努力爭取自己希望獲取的事物，若是不能如願，就必須要懂得如何逃跑。逃跑並非要我們放棄一切等待死亡，而是與之完全相反。如果說放棄是停在往前走的路上，逃跑就是為了生存，往走過的反方向全力奔馳。逃跑其實需要技術，懂得如何逃跑才能保護自己，也才能再找尋下一次的機會。

簡而言之，想要的愈多，愈過著物質的生活，就更要懂得如何聰明地逃跑。很多古聖先賢主張，想要幸福就必須自我滿足、減少慾望，但生活在現代的我們，要這麼做其實十分困難。為了讓生活更幸福，我們不先學習放棄，而是要先學習如何逃跑。唯有這麼做，才能守護自己免被外力動搖。

每天的自尊之戰

許多夫妻有了孩子後，經常會為他們感到驚嘆，覺得自己肯定生了個天才而揚揚得意。但會這麼想的人通常是父親，而不是母親。也許你會想，真的是這樣嗎？

雖然並非絕對，但因為大部分的父親身邊不太會遇到其他孩子，缺乏比較的對象，因此會對自己的孩子進行「絕對評價」。其實孩子確實比我們想像的還要聰明，稱為天才一點也不為過。再加上孩子從無到有的學習過程，確實會讓父親看了很是得意。

反之，母親就有很多機會能夠遇到其他孩子，因此經常會比較自己家孩子和其他孩子的成長速度，深怕孩子慢上一步。換句話說，媽媽對孩子進行的是「相對評價」。所以，對母親而言，孩子並非天才。

難道是因為父親育兒的負擔不如母親來得大，所以認為孩子是天才？其實幸福圓滿的人生捷徑，來自於不和他人比較的態度。這個道理我們都懂，但在現實生活中，卻不可能落實。從我們與他人連結的瞬間，就開始拿他人和自己做比較，讓自己落入被「相對評價」的詛咒中。

沙特（Jean-Paul Sartre）曾說：我們用他人的眼光將自己困於地獄之中。此外，在韓國這樣講究輩分、不論什麼關係都要講究名次、甲乙關係戰戰兢兢的社會，要健康維持自尊，並不是一件容易的事。以至於有許多人控訴自尊受損、高喊自己需要療癒。

我也不例外，日日都在為此奮鬥。身處在完全以成果評價的職場中，這樣的自尊之戰日日上演。尤其剛當上組長，負責全組的業績時，才知道壓力之大超乎自己想像。當時的我，希望成為讓組員信任的組長，也期盼被公司認可為績效優良的組長。面對事業夥伴，我也冀望自己成為大家想要共事的人。除此之外，自己還渴望不論在公事和人際關係上，都能當個十足的好人。

最終我的身體不堪負荷，在進行一個重要的專案時，因為承受不了龐大壓力，導致嚴重感染，以至於在唇邊、舌頭、上顎、嘴內、脖子等多處地方發生潰瘍，不僅說話與飲食不便，連喝水也吞嚥困難。生病十多天，就如同身體發出強烈訊號——現在立刻逃跑的訊號。

但我要逃離什麼呢？根本沒有人欺負我、給我壓力或要求我做到完美。真正壓迫我的人，就只有我自己而已。我們認為每天的自尊之戰來自於關係，但實際上則是身處在自我的認同之戰中。體認到這個道理後，明白單純的迴避責任、放棄專案、拋下一切離開公司，都不是徹底的逃跑，這些行為只會讓自己的自尊承受更大的衝擊而已。

我們要逃避的，往往不是特定對象、公司或狀況，更常是自我感覺良好的自我意識——認為自己必須到達某個程度、相信大家都在注視著自己的過度自我意

識——持續攻擊、欺壓著自己。這裡並非主張一切取決於決心，也沒有要大家這麼做。攻擊自己自尊心的兇手，就是自己的自我意識，好比口中的銳利牙齒。

☸ 如同絕不倒酒的爺爺

我將介紹在我二十多歲時，引領我前進的一位老爺爺，他是海明威（Ernest Miller Hemingway）小說中登場的一位人物，名不詳。如果你問說是不是和大魚搏鬥的聖地牙哥爺爺，那你就錯了。老爺爺不是登場於《老人與海》（*The Old Man and the Sea*）一書中，而是來自於一篇名為〈一個乾淨明亮的地方〉（*A Clean, Well-Lighted Place*）的短篇小說。

這篇短篇小說前後不過十二頁，而老爺爺做的事情，只有深夜獨自在咖啡店點白蘭地而已。相較於英勇堅忍的聖地牙哥爺爺，他的存在感，在小說和世界文學中都十分微不足道。

這位老爺爺聽力不佳，沒能聽到年輕店員嘲弄他的話。坐擁財富的他，卻不敵生命的空虛，不僅自我放逐，還曾經嘗試輕生。好在最終他找到了其他迎戰生命的方法，就是每晚到咖啡店度過時光——不是陰暗、吵雜、髒亂的酒館，而是明亮、安靜、乾淨的咖啡店。在那明亮而整潔的咖啡廳內，他絕對不倒白蘭地，一滴也不。

那就是老爺爺和自己的約定，在乾淨、明亮的地方滴酒不沾。他遵守著和自己的約定，也藉此找到生命的意義，並守護自尊。

老爺爺的這個小舉動，看似微不足道，但清楚展現了什麼是好的逃跑。好的逃跑首先必須明白，逃離自己的空間或生活並不足夠。如果這麼做，每當遇到困難時就必須逃跑，過上每天被追趕的生活。

前面提到，逃跑不是不顧一切，而是如何跑得好。為了逃跑，需要幫自己營造理由。大家還記得嗎？和自己約定，並且遵守約定，就是製造理由的絕佳方法。

簡單來說，逃跑就是從A空間移動到B空間。不顧一切逃跑的人，會從A到B、B到C、C到D，永無止盡地逃跑。相信這並不是大家所盼望的人生。對我們來說，重要的不是離開A空間，而是在B空間穩定，因此我們需要在B遵守和自己的約定。老爺爺找上乾淨明亮的空間，為了不破壞整潔而努力，就是這樣的例子。**和自己的約定，以及為了遵守約定而努力，就是逃跑的最佳理由**。

這看似簡單，但絕非輕鬆之事。一般來說，和自己的約定比和他人的約定還要難遵守，小約定也比重要且大的約定還要容易失敗。但如果能夠克服如此難事，我們將能接納自己，在空虛的日子中找到生存的理由，遇到任何事情，都擁有不放棄的力量。

海明威說：「如果我們在此勝利，到任何地方都將勝利」、「世界如此美好，值得為它奮力搏鬥，我絕不想離開這個世界」。這就是我們逃跑時必備的精神。

從A逃跑時，要下定決心在B勝利。小戰鬥的勝利，能成就我們生命的尊嚴。

☸ 需要逃離自己時

近來，很多人對「堅持精神」這個名詞朗朗上口。在茫然、艱難的世界，實在難以想像沒有「堅持精神」的人生。身處上司的要求、無止盡的勞動、緊縮的荷包、複雜的人際關係、每況愈下的健康等狀況，如果沒有堅持下去的力量，究竟我們還能留下什麼？

確實很有道理。但你想繼續這樣的生活嗎？放棄找尋其他方法，僅是堅持苦撐，幸福的未來就會自動找上門嗎？能以健康的精神堅持固然好，但在堅持過程中產生的羞恥心和憤怒感，會毫不留情地攻擊自己。《幸福論》（*Propos sur le Bonheur*）的作者法國哲學家阿蘭（Alain Badiou）這麼說：

自己射的箭，都將回到自己身上。我即為敵人。

自己射的箭，都將回到自己身上，這是有原因的。射箭是感情的隱喻。阿蘭說：「情感一向伴隨強烈的後悔與恐懼。」剛開始堅持時，會被一股神祕的期待感籠罩，彷彿沒有辦不到的事，宛若幸運女神就站在自己這方。然而，如此的期待感遇上微不足道的小事，就會頓失重心，瞬間沉沒。如果再遇到事情不如預期，抑或需要更費力堅持時，強烈的信念將開始詛咒世界、陷入痛苦。自己射的箭，指向自己的靈魂。

當我們能從想法中脫離，就能解答自己過去為何如此苦撐，並明白並非世界折磨自己，而是自己規範的想法——「雖然我不是該做這件事的人，但我不可能辦不到；大家都信任我，我要盡力完成；這是我需要的。」——折磨著自己。

如果能夠領悟這個道理，那個自己固持的想法就會如同破裂的膿包般流出體外，用力支撐的精神肌肉將開始放鬆，身體轉為輕盈，開始有了逃跑的勇氣。

現在開始，你會慢慢了解為什麼該逃離的是自己，而不是這個世界。雖然有些弔詭，但想要成為心中所想的自己，就必須逃離自己。想要逃離世界的瞬間，自己會漸漸被自我所攻擊，而深受不必要的自憐、沒用的自尊心和毫無根據的自卑感所苦，最後雖然能支撐下去，或靠著能力和才能在自己的領域成功，卻無法幸福，因為勝利也不過是傷痛罷了。所以，我們需要逃離自己，如果能成功，我們將擁有所有的可能性。

我也不斷地在逃離自己，但仍有數不清深陷其中的時候。可以確定的是，讓我生命豐富的源頭，來自於逃離後的抵達之地。你一定也有過大大小小的類似經驗——遇上未知的自己，雖然陌生，但卻心動。

從著迷十年以上的文學中逃離，轉向股市和不動產。離開過去支配我的文字，遇上各種圖表和數據。理所當然，我的視線不再專注於自己的情感和思想，而是外在世界的物質性商品。過去駐足的焦點，也許會在未來相遇，兩個不同的世界彼此對照，但卻不會有誰較優劣的任何想法。逃離自己，反而能讓自己的世界不斷的擴大。

所以，我們展開生命全新可能性的時間點，就是那些逃跑的瞬間。如果你也曾經離開栽培自己的上司和安穩的工作，獨自面對全新的挑戰，一定能理解這個道理。即使歷經困難或失敗，也能在短時間內快速成長。

逃跑就等於面對全新的挑戰。**然而，世界不認同我的挑戰，將我囚禁於逃跑的固有框架中，並將其歸類為沒有責任感、卑鄙之人。還沒有完全社會化的我們，其實沒有必要勉強堅持這個框架，但往往難以逃脫。**

我的年少時光大都用來準備考試，並且日日堅持，而斷絕了其他的可能性。因為不想被輕視，即使工作不適合，也勉強忍耐。最初忍耐是為了成為更好的自己，但在這些決定的瞬間，自己的世界卻不斷縮小。不清楚自己所做為何，深信這些都是出於自己的意志，卻不知自己只是努力奔馳於他人所規範的意念間。

不如戴上眼罩吧！不必費心別人畫好的賽道，儘管朝自己想走的方向、甚至是沒有去過的地方奔馳吧；假如你擔憂未知的風景，也可以繼續留在熟悉的賽道奔跑，如果你成為第一，說不定會得到更好的獎賞與溫柔的回應。

☸ 心臟再次跳動

大家認為逃避是卑鄙之事，因為害怕被批評卑鄙，所以再辛苦也要強忍。

二〇一一年時，棒球迷們稱 Hanwha Eagles（韓華鷹，韓語：한화 이글스，是 KBO 聯賽的球隊之一）的金泰均選手為「金逃跑」。他在日本職棒千葉羅德海洋（Chiba Lotte Marines）球隊時，在排名競爭激烈之際，放棄了日本職棒生涯，宣布返回韓國。他說日本大地震帶來的心理恐懼，以及賽季造成的腰傷，讓他沒有

信心繼續留在日本擔任選手。

棒球迷的反應十分冷淡，因為他的理由薄弱。在賽季間逃跑這件事，很難被外界接受。球迷可以接受他失敗返國，但在賽季間放棄的卑鄙行為，讓大家難以接受。

這樣的認知，就是阻斷我們逃跑的第一道牆——絕對沒有人願意被稱呼為「逃跑」者。過去我們一直譴責逃跑者，也下定決心不要成為這樣的人。

相形之下，被他人責備，反而是件輕鬆的事。如果以自己都難以接受的理由逃避，心中會因自我譴責，而造成靈魂的巨大傷害。因此，逃跑時需要有能被自己接受的理由。

我們無從得知金泰均選手是否能接納自己的理由，假若答案是肯定的，那麼他的逃跑算是勇氣十足的行為，因為他為了守護自己而逃跑，不顧他人的責備。反之，如果他以自己也無法接納的理由放棄，心中將會受到重創。

逃跑需要絕對的技巧。同樣是逃跑，以什麼理由、逃到何處、做了什麼事、得到什麼樣的成果，都會帶來截然不同的結果。

逃跑的理由必須能讓大家接受，但自己能接受仍為首要之務。自己的理由是否充實，自己再清楚不過，要欺騙自己幾乎是不可能的事。

人類歷來面對戰爭時，都是以為了守護祖國而參戰與否，來區分勇敢的英雄與卑鄙的小市民。前面介紹菲利普・羅斯《報應》作品中的康托，未參加二次世界大戰的他，為此感到自責。金承鈺的小說《霧津紀行》中的主角，為了逃避六二五戰爭（韓戰）的徵召，躲在霧津的小房間。

不過，如果擁有能夠說服自己的理由，即使選擇不參戰，都不會遭受任何打擊。二十世紀最偉大的小說家詹姆斯・喬伊斯（James Joyce）就是如此。一次世界大戰結束後，民族主義者譴責那些未參加戰爭的人，並紛紛詢問他們當時做了什麼。

喬伊斯這麼回答：「我寫了《尤利西斯》（*Ulysses*），你做了什麼？」這段對話，至今大家仍津津樂道。位於都柏林的詹姆斯．喬伊斯博物館的牆面上，同樣寫著這段話，撼動無數觀者的心。完成重要的事情，遠比參加戰爭、贏得戰爭勝利還要優先，這就是詹姆斯．喬伊斯的理由。他的回答，沒有人不點頭認同。

如同這個道理，真正的逃避理由，並不是只用來說出口。從A逃跑到B這個新地點做了什麼事，對理由的真實性有絕對的影響。詹姆斯．喬伊斯滿足了這個條件，因此比戰場上的任何人都還稱得上是位戰士。

這是我們逃跑時必須擁有的態度。唯有以這樣的方式逃跑，才能守護我們的肉體和精神。

如果你覺得逃跑很容易，那你就錯了。這不是防禦術，也並非人人都能如此。逃跑需要極大的勇氣，想要跑得好，更需要高深的技巧。逃跑也可能成為偉大的英雄事蹟，端看以何理由、做了什麼事。

如果你感覺目前深陷於某個問題中，或認為忍耐即將到達極限，這樣的煩惱本身，其實就能讓我們成長，幫助我們看清自己目前被什麼不重要的事所困，帶領我們完成重要的事。

將幫主管挑選合胃口餐點的精力，轉換為打通電話問候父母，起初可能很困難，不過將會為日後的逃跑儲存勇氣，讓自己更勇於挑戰真正想做的事情。反覆這樣的過程，將能生成堅實的逃跑肌肉，恐懼也將完全消散。持續寫作五十年的菲利普．羅斯突然發封筆宣言時，他的心中應該毫無畏懼。

2

人類的最大武器 意志力使用說明書

即使無法得知哪個方向正確，
仍要帶著強烈的意念選擇其中一個方向逃出。
只要這麼做，
縱然發現是錯誤的方向，
也能從那裡重新開始。

你的動力是什麼？

前面我們明確區分了放棄與逃跑的差異。如果說放棄是就地等待死亡，那麼逃跑就是為了生存而往某處全力奔馳。如果堅持奮鬥是向前奔走，那麼逃跑就是向後飛馳。兩者只是方向不同，但都要耗費相同的能量。

不論方向為何，如何消耗能量將決定最後的結果。其中左右引擎性能的關鍵是什麼？是意志力。雖然人類的壽命有限，但意念能帶我們嘗試創造心中的願景。我並不是要說只要有強烈的意念，一切都能如你所願，但只要有意念，就能在不知結果成敗的情況下，發揮強大的力量，做出選擇與嘗試。

人類的恐懼大都源自於未知。在面對初次造訪的地點、初次見面的人、初次品嘗的食物時，我們的身心會感到緊張，**這就是我們每天會面臨的最大侷限——面對未知，我們無法事先掌握脈絡，只能以有限的資訊應對眼前的狀況。**

日復一日，每天的生活都充斥著無法堅持、無法放棄、無法逃跑的曖昧瞬間。我們只能妥善控管心中的恐懼，與其和平相處。哲學家笛卡兒（Renatus Descartes）對於這種侷限的理解，超乎一般常人，「我思故我在」就是他苦思後的名言。他能理解的範圍，僅止於承認「自我懷疑」。

這也就是我們害怕逃跑的原因。我們被自己的理解能力限制了，所以無法抉擇是否該留在原地或是逃離現況。因為這個因素，即使我們選擇逃跑，也會深感恐懼。

笛卡兒全然接受理解力的侷限，他選擇以意念克服。意念和理解力的不同之處，在於意念取決於決心。笛卡兒如此說道：

> 意念是人類最完整、最巨大的力量。意念等同神之能力。

這裡不能單純解讀為一般勵志書主張的「去做就對了」、「心想必事成」，笛卡兒所強調的意念，來自於覺悟錯誤選擇的意念。即使以百米的速度全力往反方向奔走，仍要貫徹到底。

他將總是站在抉擇路口的我們，比喻為在森林中的迷途者。在森林中迷路時，最危險的並不是找不到頭緒，而是在無法得知哪個方向是正確時，仍能帶著強烈的意念從中選擇出一個方向逃出。只要這麼做，縱然發現是錯誤的方向，也能從那裡重新開始。

我大學畢業後進入的第一間公司，是製作兒童百科的教育出版社。我想像中的出版社氛圍應該是自由又富創意的，然而那間公司的組織文化卻有如軍隊一般。上班時要穿西裝和打領帶，離開自己的座位就不能穿拖鞋，女生甚至不能在對外場合中抽菸。上班時間是早上九點，但八點三十分就會接到人已經到了哪裡的詢問電話。剛進公司接受教育訓練時，還要在主管和同事們面前表演才藝。

進公司不到三個月，我就覺得似乎不是自己應該待的地方，一有空檔，便開始思考該何去何從。就在那時，有了進入夢寐以求的漫畫出版社的機會。那家出版社的出版品很吸引我，組織文化似乎更自由，只是薪水低了些，而且比較沒有福利保障。當然，我並未接觸過他們的組織文化，無法準確得知是否是我想的那樣。苦思了一周，想法一變再變。最終我得出結論，我的判斷根據太過薄弱，因為沒有人能保障新的工作機會比目前的工作還要更好。

在書店偶然遇上笛卡兒，拯救了當時在迷途中困惑的我。那位在森林中迷路，左右搖擺無法選擇的人正是我。反正以我初出茅廬的經驗，不可能做出更好的選擇。只是在當時我需要的並不是最佳的選擇，而是逃往某處的意志力。領悟這件事情之後，我的恐懼消失了。如果逃錯了，大不了回到起點再重來一次。有了這個想法之後，做決定這件事就變得輕鬆了。我受笛卡兒的幫助，三個月後就從好不容易進入的第一間公司辭職了。

也許是運氣好，我的逃跑成功了。我遇到了尊敬的前輩，也得到了能盡情工作的環境，得以在自由的氛圍下和同事開心工作。不僅如此，我也體會到只要做出成果，就能得到應有的回饋，其他好機會也會跟著找上門。

雖然第一份工作的主管責備我吃不了苦、卑鄙的逃跑，但對我而言，人生第一次逃跑的這件事，真是勇敢極了，也讓我向自己喜歡的樣子更邁進了一步。假若笛卡兒沒有喚醒我完整而強大的意志力，或許我會在暗黑的迷途森林中繼續尋路。

多虧了這個經驗，讓我更有信心主導自己的人生。體認到只要自己下定決心就能逃跑，讓我在工作時更積極、更有勇氣表達自己的意見，遇到難以做決定的情況時，我也不再那麼懼怕。只要擁有逃跑的意志力，不論遇到什麼困難都能迎刃而解。

如果你因為優柔寡斷而踟躕不前，就如同唐吉訶德與阿甘正傳中的主角一樣，做個選擇朝一個方向奔馳吧。沒有任何人能夠事事正確，選擇錯誤或許會讓事態更糟，但佇立在原地，更會落入深淵。真正需要害怕的，並不是錯誤的選擇，而是總是推延做決定。

逃跑後存活下來的堅強意志

在小說、電影等面對大眾的作品中，主角總是帶有強大的意志力，才能帶領故事前進，讓大眾沉浸於故事之中。所以，要讓我們的故事變得有趣和持續進行的關鍵，就在於意志力。

伊坂幸太郎（Kotaro Isaka）的小說《宅配男與披頭四搖籃曲》（*Golden Slumbers*）中的主角青柳雅春，突然被告知自己是殺害日本首相的殺人犯。在巨大的陰謀下，他被當成犧牲者，全世界都在追緝他。青柳的目標只有一個——逃，讓自己能夠存活下去的逃。故事雖然單純，但讀者卻看得目不轉睛，並且真心為他的逃跑加油。青柳雅春不知道是誰、為了什麼目的而做了這種事，也不知道他該如何才能活下來。他擁有的只有意志力，也就是因為這份強烈的意志，讓讀者甘願為他應援。

平凡老百姓暗殺國家元首，並不是尋常的事，青柳在洗清自己罪名的過程中所展現的判斷與意志力，帶給我們重要的訊息。過去我們所受的一切教育，都是為了提升理解能力。「先想好再行動」、「有帶腦袋嗎？」、「無知即受苦」這些指責的話語，也都攸關著理解能力。

然而，人生是一場實踐的過程。世界並沒有給我們充分的時間理解狀況，有時候比起理性，更需要感性和本能的判斷，因此自我成長類的書籍一致強調經驗與習慣。為了提升感覺與本能，需要廣大的經驗和習以為常的習慣。

不過，當發生經驗和習慣無法應付的事情時，就會伴隨問題的產生。每個人的生命都只有一次，經常會遇到初次做重要決定的時刻。有的人會找更有經驗、更有智慧的人給予建言，但最終的選擇權仍在自己身上。再者，真的遇到狀況時，也許並沒有那麼多的時間諮詢或深思熟慮。

我們難以做決定的原因很單純，因為不管是什麼選擇，都存在著危險。人類至今的進化，就以避開危險的方式進行，即使在微小的選擇面前，我們仍會感到不安和焦慮，好讓我們更加的慎重，以防做出最壞的選擇。**希望保持現況的慣性法則力量十分強大，如果沒有發生重大事件，我們並不會想要改變。**

意志力並非自然而生。既然如此，究竟是什麼創造了我們的意志力？就如同《宅配男與披頭四搖籃曲》的主角青柳，最強烈的力量來自於生存本能。若有不改變會失去生命的覺悟，就能幫助我們脫離慣性，往反方向奔馳。將危機視為危機的敏感度，能夠點燃逃跑必備的強力引擎——意志力。

當然，即使感覺強烈、逃跑勇氣十足，也會遇到無法逃跑的情況，這就彷彿遭逢人生巨大危機，必須以智慧度過。愈是這種時期，愈需要意志力，但絕不如想像中容易。我也曾在這樣的情況中做出錯誤的行為，即使以當時太年輕做為藉口，我仍無法饒恕自己，甚至想要全然忘卻。

沒能逃跑而落入地獄的男人

在我相對和平順遂的人生中，也曾經歷過足以造成創傷的驚悚時——我的兩年軍旅生活。在當時，我除了受盡無數毆打外，還必須忍受辱罵和指責。如果是在其他情況，我也許會勇敢逃離，但事情是發生在我當兵的時期，簡直就是天方夜譚。這是我人生中第一次體會到度日如年的感覺。儘管我深切的期盼就算是以出車禍住院這樣的方式逃離也好，但卻沒有勇氣奔向急駛的車流。在那個無法選擇的時空中，我汲汲營營於度過每一天，迎接而來的卻是接二連三的出錯，將自己推向泥濘。

當時我為自己創造了無可奈何、無法選擇、自己也是個受害者的虛假藉口，現在回想起來，所有的一切都是出自我的判斷與選擇。所以，沒能逃跑的我，就這麼進入了暴力的世界，我如法炮製前輩們霸凌我的方式霸凌後輩。起初不太適應，也有點辛苦，但是過了一段時間後，我就像他們一樣開始暴走。令人詫異的是，從那時候開始，我的軍旅生活終於得以喘息，也稍微適應了軍隊的生態。莫約一周後，小時候有些交情的一位前輩這麼跟我說：

「你對他們的生命毫無意義，有什麼資格這麼對待他們？」

他的話就像當頭棒喝般，拯救了身陷惡魔泥沼中的我。當下我無法作任何的反駁，因為曾幾何時我也變成了自己過去憎恨的怪物。自我覺醒後，我不再口出惡言和做惡行。漢娜．鄂蘭（Hannah Arendt）所說的「平凡的邪惡」，讓我確信自己心中的惡，在稍微散漫或遇到特殊狀況時，也會讓自己成為不折不扣的怪物。沒有親身經歷過如此可怕的事情，再好不過；但是有了這個經驗，也讓我領悟許多，最大的收穫，無非是讓我更懂得謙虛。以往我自認為是個謹守道德之人，但那不過是我的自滿與錯覺。我不過是運氣好，考試成績不錯罷了，我在非厭世或非自救時，也會隨著環境與情況作惡。當時的經驗，不僅是我進行客觀判斷與自我檢視的重要契機，也關乎自己是否能夠扮演著道德剎車機制的角色。

為了要存活下來，我的強烈意志力驅使我逃離了韓國。所以退伍後一週，我便出發前往愛爾蘭的都柏林念語言學校。因為我想要盡快逃離以祖國之名帶給我靈魂傷痛的韓國；此外，也想要仿效前面介紹過的詹姆斯·喬伊斯。換言之，我為了向喬伊斯學習逃跑，而逃到了都柏林。

待在都柏林的八個月裡，讓我充分得到了療癒。我享受了自由，充分玩樂，不帶恐懼地和陌生人結交朋友。一有空檔，我就到《尤利西斯》一書中的起點Sandycove 海岸散步，除此之外，我也會到坦普爾酒吧區（Barra an Teampaill）一起歡唱愛爾蘭搖滾樂團U2的名曲〈With or Without You〉，喝著健力士（Guinness）

生啤酒，跳著從來不曾在韓國跳過的舞。我盡可能逃離到遠方，以全然不同的面貌，生活在陌生人群之中。在陌生的國度，發掘不曾發現的自己，讓我找回以全新面貌生活的自信；我也開始期待，自己能有更多時間，活成自己喜歡的樣子。

堅信「只要堅持，時間會解決一切」的想法，不過是個幻想罷了。用這種方式妥協，真能當作什麼事也沒發生過嗎？還是因為人類是健忘的動物，所以能夠自然遺忘不利自己的事？

能夠反駁這些假設的證據比比皆是。如果沒有徹底的逃離，儘管我能一如往常的待在原地，但是時間拖得越久，傷口越擴大，最終會演變至不可收拾的地步。因此，如果你也有未解決的問題，或是無法擺脫的暗黑過往，希望你也能擁有逃跑的意念。

☸ 檢視自己的記憶

讓我回想起自己生命中最驚駭事件的開關，來自於一本小說。故事中那位從自己記憶逃跑的老人，很晚才得知自己年輕時期所做的行為及其招致的後果，讓安穩的人生掀起滔天巨浪。這個故事就是朱利安．巴恩斯（Julian Barnes）的《回憶的餘燼》（*The Sense of An Ending*）。

東尼得知初戀情人薇若妮卡和自己學生時代死黨艾卓安交往的消息時，氣憤地給他們寫了封詛咒信。對東尼來說，那封信不過是替自己出口氣而已，他很快就忘了這件事，但對艾卓安與薇若妮卡來說，那封信既是詛咒更是個預言。

究竟有誰會批評東尼是個壞人呢？過去的戀人和老朋友對上眼，如果是你，會舉雙手贊成嗎？後來艾卓安以自殺了結生命，薇若妮卡則捲入無法置信的不幸事件中，一輩子受苦。東尼之後所受的衝擊和罪惡感，更不可言喻。每當他閃過

「一切都是起源於自己寫過的那封信」的想法時，罪惡感便揮之不去。

這本小說榮獲布克獎（Booker Prize），被全世界無數讀者閱讀，成為我們檢視自己生命和記憶的契機。我在閱讀的同時，一一檢視自己的記憶。也因此回想起自己當兵時期犯下的惡行。

儘管時光流逝，已經來到晚年，東尼也沒有錯過最後的機會。故事從薇若妮卡的母親過世，留下了一本日記給東尼開始說起。奇怪的是，薇若妮卡拒絕將日記交給東尼。東尼十分不解，但他並沒有因為如此而忽略這件事。他為了瞭解真相，找上薇若妮卡。隨著隱藏的真相一一被揭開後，他選擇勇敢的面對，反省自己的過錯並乞求原諒。

在我們的人生中，總會犯上或大或小的錯，其中也不乏足以撼動人生的重大錯誤。重要的是，犯錯後的選擇。為了掩飾錯誤，我們可能犯下更多的錯，也可能選擇躲避不面對，又或者為時已晚仍努力修正。這並不侷限於犯罪行為，背叛相愛的人、傷害好朋友等皆適用。不論是什麼事，我們都很難全盤理解，但我們總認為自己了解一切、做出錯誤的判斷、拒絕不利於自己的資訊。因為只要這麼做，就能活得快活舒適。上了年紀的人聽不進別人的話，愈來愈固執己見的原因，也都源自於此。誤以為我們最了解自己的傲慢，遮蔽了我們的雙眼和雙耳。

好比國家蓋了護城河般，我們總會落入只要隔絕世界和真實就能安全的錯覺。雖然一旦建起高牆，就不容易被打破，然而內部也會因發生大大小小的問題，讓關係出現裂痕。東尼和前妻、女兒的關係碰壁，就是因為如此。

想要脫離護城河往反方向逃跑，其實需要超乎想像的意志力。除了前面談及的生存本能的意志之外，有相同效果的就屬好奇心了。東尼同樣是出於好奇心，脫離原本的慣性開始找尋真相。

生命沒有好奇心如同死亡；如果沒有好奇心或是畏縮在自己熟稔的領域內，讓生命發光的生氣也會隨之消失。沒有好奇心，就不會有所行動，也不會有任何變化，對任何事情也不會存在意志力，自然會遠離幸福。

接納一切的彈性，即源自於好奇心。想要保持好奇心，必須放下所有的偏見和先入為主的觀念。就如同笛卡兒一樣，先接受自己理解能力的侷限，檢視與質疑自己所知的一切，並如其所言，意識到自己的懷疑，才是真正的存在。

帶有質疑精神的哲學家笛卡兒的懷疑，和我們所說的懷疑主義相差甚遠。懷疑主義的始祖古希臘哲學家皮羅（Pyrrho/Πύρρων），是位倡導懷疑「真理本身的結論」的懷疑主義者。皮羅的結論是人類的感官無法獲得真理，因此要中止判斷（也就是說對一切抱持不可知的態度）。而笛卡兒的懷疑則是為了得到真理，為了更徹底、更正確的做出判斷（利用懷疑的態度來讓自己更理性）。因此，笛卡兒的懷疑又被稱為「方法的懷疑」。古希臘的懷疑主義者主張好奇心無用，甚至視之為病；而笛卡兒則認為要帶著好奇心去意識，才能更加聰慧、更刺激記憶力。年邁的東尼所展現的行為，證明了他雖然一無所知，但在好奇心的驅使下，開始挖掘真相，想起了遺忘已久的事情，因此過上了截然不同的人生。

也許有些人認為遺忘的記憶最好不要再想起，以免覬覦心靈的捕食者，以好奇心為誘餌，破壞生命的平衡，趁機捕捉心靈不夠強大的我們，並將其推向絕望之地。然而，從記憶中逃跑的時間愈長，想起記憶時，我們所受的衝擊就會愈大。這是我閱讀《回憶的餘燼》後的所感，幸好沒有太晚閱讀，現在還能檢視自己的記憶，實在是太好了。

☸ 意念是樂觀主義者的幸福

哲學家阿蘭說厭世主義來自於心情，樂觀主義來自於意念。這是多麼偉大的洞察。意念是我們行為的引擎，幫我們揪出感官所犯的錯，告訴我們孰是孰非。如果沒有從意念出發的行為，人類絕對不會幸福。

看著久放、乾澀的辣炒年糕，如果產生自己人生彷彿也枯萎的「心情」，就表示你的人生很厭世。反之，**如果你將辣炒年糕加水、加菜、加醬料，發揮加熱的「意志」，我們就能重新品嘗全新口味的辣炒年糕。在日常生活中滲透這樣微小的樂觀主義，讓我們的人生更幸福。**

當然，這是所謂的結果論。如果帶著強烈意念挑戰一件事情，結果卻不如預期，樂觀主義者將會喪失力量，甚至將所有的一切指向是意念的問題。因此，阿蘭也將意念視為和結果成敗連結的觀念，因為意念經常被人們以結果來判斷，而無關乎含括的意圖和實際行動。我們往往將失敗的原因指向意念不足。二〇一八年俄羅斯奧林匹克運動會時，韓國足球代表隊被瑞典和墨西哥隊擊敗時，消極的應對方式成了當時的話題，大家批評他們看起來沒有進攻的意圖和和爭取勝利的意念。

考生落榜、商人經商失敗，向來也被認為是意念的問題。我過去擔任組長時，也曾被老闆指責「沒有意念」，那是我第一次反抗老闆，也是最後一次。我判斷自己的不足之處不在於意念，而是經驗和要領。實際上會影響結果的因素並不只有一兩項，將一切推給意志，確實容易多了，彷彿只要增強意志力，就能解決一切。

然而，意念不過是導致結果的一部分，而非全部。沒有意念，就沒有行動、成功和幸福，但並非只要發揮意念，就能無條件獲得成功與幸福。換言之，意念是幸福的條件，但並非幸福的保障。結果不好就無條件怪罪於意念，其實是不對的。

許多人認為逃跑不需要意念，堅持才需要，其實是個錯覺。更弔詭的是，如果只有將意念用在「堅持」上，會更遠離幸福。請回想那盤乾掉的辣炒年糕，只在堅持時拿出意念，就好比勉強吃下已經乾掉的辣炒年糕。當然，若舉其他案例，將努力視為一種高尚的行動，可能聽起來像是英雄的行為，但仍會遠離幸福。錯誤使用意念的人，不過是固執己見罷了，就如同自我滿足的悲劇性主角。

為了堅持所耗費的意念，將阻擋我們的幸福。你堅持守護的工作崗位，將會攻擊你；你堅持不願分手的關係，將會吞噬你的靈魂。意念是神賜與人類的最棒武器，如此絕佳的武器，若只用於忍耐，甚至讓自己遠離幸福，不是很可惜嗎？

記住這個循環：「意念→行動→樂觀→幸福」，別忘了在「行動」中也包含了逃跑。如果你現在有無法解決的問題，如果你踟躕原地不知如何選擇，先檢視一下自己的意念吧。無所侷限的意念，將會帶領你走向不曾踏觸之處。

3 想像力能解救逃跑的我們嗎？

我們害怕逃跑，是因為想像力，
理解錯誤卻深信不疑，也是因為想像力，
醒悟自己走錯路，
再找出全新的路，也是源自於想像力。

☸ 任意使用十分危險的想像力

能彌補理解力不足的除了意念以外，還有一項與意念擁有相同能量，但更具危險性和難度的能力——想像力。在現今這個社會中，想像力毫無疑問是個被讚揚的能力，透過毫無侷限的想像，再加以實現，造就了現代的科學技術。此外，我們享受的各種藝術與文化，也都出自於想像力。

然而，正面看待想像力，其實是近期才開始的事情。十分強調意志力的笛卡兒，也強力告誡「每天只能短暫的運用想像力來觀察」，雖然認同想像力，但顯得十分保守。對笛卡兒有巨大影響的阿蘭更說：「想像力比古代中國的死刑執行者更殘酷，它是恐怖的集合。」

什麼都無所畏懼的孩子，到了兩三歲後，會開始害怕許多東西，因為想像力就是從這個年紀開始發展。許多人害怕逃跑的原因，正是因為想像力。在離開熟悉的公司，到新公司或自己創業時，往往會不自覺的想像最糟糕的狀況。

有時候想像力不僅會讓人害怕，甚至會發揮足以破壞生命的巨大力量。伊恩・麥克尤恩（Ian McEwan）的作品《贖罪》（*Atonement*）一書中的主角白昂妮便是如此。

白昂妮雖然年紀還小，但擁有豐富的想像力，她善於寫作，夢想成為作家。她一直以自己的認知來解說在現實裡的所見所聞，從未有所懷疑。在一個黑暗的夜晚，她親眼目睹了表姊羅拉在庭院角落被強暴。而恰巧在當天，她又撞見管家的兒子羅比與自己的姊姊西希莉雅交纏在一起的場面。

她將羅比寫給姊姊的情書、在噴水池前和書房的畫面，加上自己的想像力，讓事情一發不可收拾。最後，在白昂妮的想像中，無罪的羅比成為強姦犯，她甚至在所有家人和警察的面前聲稱自己是目擊者。因為她的想像力，羅比進了監獄，後來更赴戰場，導致相愛的兩人分離。

很久以後，白昂妮才發現自己犯下了重大的錯誤。但她不解，自己為什麼會出面指控羅比是強姦犯。白昂妮為了贖罪，放棄了原本安穩的生活，成為護士赴戰場服務。在這個時間點，她的意志力讓她在戰場上，間接體驗了羅比經歷的恐怖遭遇。

後來她去尋找鼓起勇氣和家人斷絕往來的西希莉雅，並且在那裡見到了羅比。看見羅比和西希莉雅的愛情圓滿，讓白昂妮鬆了一口氣，並懇求他們原諒自己所犯下的錯。白昂妮的行為連自己都無法理解，因為她的想像力，犯下無法挽回的過錯，然而她以強烈的意志力贖罪之事，其實是成功的。

如果說想像力是破壞一切的根源，那麼意志力就是救援。難道真如笛卡兒所述，想像力是錯誤的根源，能堅持到最後的只有意志力？

其實並非如此。《贖罪》的第四部，賦予逆襲人類想像力的機會。其實到第三部為止，是成為小說家的白昂妮所寫的小說作品。實際上，羅比死於戰場，西希莉雅也死於爆炸中。白昂妮雖有強烈的贖罪意志，但卻失去了機會。

只不過在當時，白昂妮再次的運用了想像力。白昂妮將寫作《贖罪》視為自己的最後贖罪。以西希莉雅和羅比彼此相愛、白昂妮誣告為主軸的第一部皆以事實為基礎，不過戰場的經歷和西希莉雅、羅比再次相遇的第二部和第三部，是以想像力加工而成的故事。

以想像力犯下的罪，再以想像力洗清，便是文學的力量。體現寫小說最終暨最積極的贖罪行為，或許就是伊恩創作這個作品的重要目的。

《贖罪》徹底展現了想像力極其危險，也同時展現想像力和意志力都是足以守護自己的力量。之前所說的「想像力更危險、難度更高」的原因就在於此。

對於在學習逃跑技術的我們來說，更有必要了解想像力的力量。我們害怕逃跑是因為想像力；理解錯誤卻深信不疑也是因為想像力；醒悟自己走錯路，再找出全新的路，也是源自於想像力。簡而言之，想像力這個武器如何使用，將決定我們勇敢逃跑的質量。

年幼的白昂妮，誤將自己的想像當成真正的理解。**傲慢地認為自己了解某事，這樣的行為必定會招致自己和他人不幸。在生命的所有抉擇瞬間，我們要謙虛的看待自己的理解，因為我們認定的理解有可能只是想像而已。**唯有這麼做，才能將意志力所造成的失誤降到最低。

☸ 無法想像有其他選擇的悲觀主義者

不論做什麼事都全力以赴的P，擁有不放棄的執念、目標和獨特的個性，讓他在二十多歲之前，心中所想皆能如願。如願的進入想念的大學、喜歡的科系，並且和暗戀已久的初戀交往。他夢想的人生很明確，希望從事安穩、能帶來名譽的工作，並且和自己心愛的人一起生活。對於有自信的年輕人來說，任誰都會有這樣健全、具現實性的夢想。

他的二十幾歲很單純，努力準備公家機關考試、對心愛的女友竭盡心力。這是他生命的全部，這對他來說就足夠了，想像著自己的未來，讓他沒有任何匱乏感。

很遺憾地，人生往往無法事事如意。P遇到了危機，他在預料之外落榜，而且父母的事業同樣遇上困難。隨著時間流逝，他逐漸喪失自信，注意力也開始下滑，沉迷於酒精之中。交往十年的女朋友，最終離他而去。他不斷地等待，也付出一切努力，卻無法挽回女友。除了以酒醉澆情傷之外，他毫無辦法，但愈是如此，女友愈不回頭。

以P的女友的角度思考，她確實很勇敢、很成功地逃跑。她也很愛P，她的二十多歲去除掉和P的記憶，幾乎所剩無幾。最重要的是，她心中同樣有P所刻劃的樣貌。在選擇逃跑之前該有多苦惱，而她的罪惡感又有多深呢？然而她的本能知道，此刻就是自己逃跑的時機，因此她選擇奔向不同的人生。

另一方面，P無法想像既定之外的其他人生。他無法接受考試落榜、女友離開，甚至無法想像和其他人交往會是什麼光景。P就這麼的在原地呆愣許久。

P有做錯什麼嗎？他不過是在事情不如預期時，沒有逃跑罷了！然而，僅只是這樣，他就失去了許多。懇切想像心中願望，竟是如此危險之事。

堅信意念會對生命帶來活力的樂觀主義者，在情況不如自己的預期時，仍需修正自己的信念。我們要能探索其他的方向、想像不一樣的未來。如果不這麼做，樂觀主義者總有一天會轉變為悲觀主義者。在相信自己一定能成功的信念破裂瞬間，必定會被自己用盡全力卻敗北的失敗感所席捲。

認為不做其他探索、待在原地就是守護自己的想法，其實是天大的錯覺。如果無法想像其他人生，因而拒絕挑戰新事物、無法認識新朋友、不學習新知識等行為，都會讓人瞬間變老。

相反地，不論年紀為何，只要走向新事物，人類就會返老還童。幸好P每年都會去旅行，想像不同的人生幫助他走出泥濘。為了賺錢去旅行他努力工作，為了保持身體健康他努力運動，恢復年輕時的體力。

☸ 克服強烈慣性的想像力

這件事大約發生在七年前。某一天的上班時間，母親打電話給我，用著不同以往的語氣，抱怨自己可能更年期到了不太容易入睡，而且體溫經常過高，臉也時常泛紅。

無心的兒子，並沒有把母親的話放在心上。更年期？不就是像青春期一樣，時間到了自然會出現的嗎？應該很快就好了吧！

因為不希望工作被打斷，所以我稍微的安慰了母親，就掛斷了電話。母親察覺到我的不耐煩，自此之後就不常打電話給我，反倒是父親常打給我仔細說明母親的症狀。

母親比我想像的還要嚴重。除了身體的各種症狀之外，她的憂鬱症更令我擔心。在網路上搜尋「更年期憂鬱症」這個名詞時，可以找到各種嚴重的症狀，更有專家建議絕對不可忽視不管。罹患者會因席捲而來的空虛感、喪失感、無力和恐懼感，吞噬掉生命的一切活力。

我反省了自己過去的態度，增加打電話給母親的頻率。我聽母親說著她的事，表達了自己的認同，並且鼓勵母親去做她想做的事。每當母親有微小的變化，我都會感到開心，但實際上，我並不清楚母親真正的需求是什麼。

結果，母親自己找到了解答。她報名社區新的英文課程，開始學英文。在課堂上，她遇到了志趣相投的同學，一起認真學英文，雖然記不住單字，也覺得文法很難，但覺得英文出乎意料地有趣。看著母親逐漸找回活力，我終於領悟到母親需要的，正是能專注投入的事情，帶領她走向全新的世界。

一般人隨著年紀增長，會漸漸不敢挑戰新事物。即使真心推薦他人做全新的嘗試，對方十之八九會婉拒說：「我都這把年紀了。」生命的慣性其實十分強烈，沿襲過去的生活會愈來愈輕鬆，但也會讓雙腿愈來愈沉重。

一輩子風平浪靜的母親也是如此。她長期擔任家庭主婦，十分清楚如何在自己的世界獲得滿足，沒有必要想像其他的生活，直到更年期憂鬱症的出現，才讓母親出於本能的去改變生活。剛開始因為慣性力量的驅使，讓她一度茫然不已、束手無策。

拯救母親的，正是想像力。當時父親準備退休，這一點讓她的想像更具真實性。母親想要和父親到世界各地旅行，但她並不想盲目跟著導遊的小旗子走，她希望能到當地人的家裡借宿，互相交流。想要和外國人交流，就必須要有一點英文程度。

想像的力量，強大到足以對抗慣性的力量。從母親下定決心開始至今，七年間她持續不懈地學習英文。在我看來，她進步的速度十分緩慢，如果換作是我，可能早就放棄了，但母親完全沉浸在學英文的樂趣中。即使實力沒有增長，但光是學習的行為，就已經讓她獲得找回生命活力的充沛力量。

母親成功從熟悉的生活中逃跑，她並非使用強烈的意志力，而是運用了想像力。她想像新的生活，並付諸行動成功的踏出步伐。母親的夢想在父親退休後實現了，新冠疫情爆發之前，母親和父親幾乎時刻都在旅行。他們造訪北歐、東歐兩個多月，大部分時間都借宿在當地人的家中。他們待在韓國時，家裡也提供給來韓國旅遊的外國人免費借宿。他們兩位加入了國際民間交流團體，和世界各地的人結交朋友。看著母親的變化，讓我不禁想起帕斯卡（Blaise Pascal）的一番話。

想像力讓一切變得可行。想像力創造美麗、打造正義、帶來幸福。

想像力的本質是逃跑

如果要仔細探究想像力的本質，必須認識哲學家加斯東・巴謝拉（Gaston Bachelard），他完全翻轉了我們對於想像力的觀點。巴謝拉說，我們因為拉丁語語源imaginari而誤會想像力是「形成圖像的能力」。**其實，想像力是「由圖像解放我們、改變圖像的能力」。想像力的核心不是「形成圖像」，而是「改變圖像」。**

簡單說明，想像力並非「創造新事物的力量」，而是「改變現有事物的力量」。因此，抽象世界中的「改變圖像」，就猶如實際日常生活中的「逃跑」一樣。要擺脫既有的圖像，轉為其他樣貌，就必須要透過逃跑這個行為實現。

如果了解想像力的本質是逃跑這個事實，就能從逃跑這個詞衍生出的罪惡感中擺脫。一旦有「如果不逃跑，就無法想像新生活」這樣的想法，就能跨越妨礙判斷和行為的無數障礙物。就像我發現以往深信不疑「要有耐性才能堅持下去」的這個想法，事實上並沒有根據，卻讓我裹足不前一樣。

以上述母親的案例為例。她將自己從最初的形象中解放，跨越了全職家庭主婦、退休夫妻背包客、成年學習者的形象等，她改變了許多人的既定形象，走向截然不同的方向。想像力改變母親的生命，托想像力的福，她克服了更年期憂鬱症，找回生命的自信。

無法用想像和逃跑改變的人生，和死亡並沒有什麼差別。英國的詩人兼畫家威廉·布萊克（William Blake）曾說「想像力不是一種狀態，而是人類本身」，原因就在於此。如果沒辦法改變現狀，生命便會遭受威脅。無法逃跑的人生，與死亡無異。

完全無法改變現狀的人，大致可以分為兩類。其中一種是自戀者，滿足於一切現況，不認為需要做任何改變。這樣的人認為逃跑是卑鄙的行為，並且全力守護自己的世界。一般來說，年紀愈大的人，這樣的傾向愈強烈。

另一種為知道需要改變，但卻提不起勇氣行動的人。他們是恐懼逃跑的人，問題出在於想像力貧弱或錯誤的使用想像力。

現在立刻擺脫你的固有形象吧！別去尋找自己不幸福的理由、或是得不到的東西。別再幻想你就是主角，也別認為全世界都在注視著你。昨天的你、今天的你和明天的你都是不同的人，別忘了每個瞬間我們都能改變。

將自我侷限於不可改變的框架中，將會使自己錯失無數的挑戰機會。無法認識新朋友、無法學習新東西、無法前往不曾造訪的地方，最終不知不覺的向後倒退。

自我放逐，保持想像力

青年藝術家史蒂芬‧迪達勒斯（Stephen Dedalus）為了擺脫自我限制而孤軍奮鬥。他認為社會組織、社會運作系統壓抑藝術家的想像力，因而拒絕家人、學校、宗教、國家等將自己納為所屬的一切。這個理由對一般人來說很難接受，但關注他的逃跑，卻能感受奇妙的解放感。

史蒂芬‧迪達勒斯就是喬伊斯小說《青年藝術家的肖像》（*A Portrait of The Artist as a Young Man*）的主人公。他不認為自己脫離家族、宗教和國家是一種「逃跑」，而認為是一種「自我放逐（self-exile）」。他的放逐不是被他人追趕，而是出於自己的選擇。

承前所述，我們將想像力和意志力視為逃跑必備的工具，而史蒂芬則是直接將想像力定義為逃跑的理由。身為藝術家，他要盡可能自由、完整的表達自我，因此不願讓想像力受到壓抑。

《青年藝術家的肖像》陳述的是喬伊斯在成長過程中經歷的指責、徬徨和苦惱的痕跡，也是他的自傳故事。喬伊斯出生、成長的愛爾蘭為天主教國家，宗教支配全國人民的精神，同時愛爾蘭也長期受英國統治，所以故事中也體現他對於此的抵抗與民族主義。這樣的環境不能滿足他身為藝術家所需的自由，此外，他也認為自己的想像力受到壓抑。

小說最後的場面，是他宣告將離開祖國愛爾蘭踏上自我放逐之路。之後，他造訪了瑞士蘇黎世、義大利的里雅斯特和羅馬、法國巴黎等都市，過著自由自在的生活。他在自我放逐中，守護自己的想像力，更以此為武器，創作了《都柏林人》（*Dubliners*）、《尤利西斯》等創世巨作。

前面曾分享，我為了學習喬伊斯的逃跑技術，退伍後前往愛爾蘭都柏林留學。困在國家主義與集體主義極盛的軍隊兩年，想像力該有多麼被壓抑呢？

我並不是要大家都仿效喬伊斯走向自我放逐之路，而是要揣測他對待生命的態度。**畢竟離開熟悉、舒適的環境，需要提起莫大的勇氣。加入群眾或組織相對安全，而我們的父母、老師、職場、政府，也都希望我們這麼做**，以便走在安全的道路上，得以充分享受幸福。

問題在於發生「真實問題」時。不論問題出自家人、朋友、戀人、同事、宗教或國家，當我們被壓抑與被影響主觀判斷時，若無法逃離，就只能溫馴佇立於原地，再加上想像力早已被剝奪，根本無法想像自己能逃往何處。所以，我們不能喪失想像力，無法想像的人，能夠好好做事嗎？該如何用創新想法解決問題，準備迎向更美好的未來？又該如何盡情活出自己想要的人生？喪失想像力終將斷絕一切的可能性。

若在社會組織內生活，又不想被剝奪想像力，就要擁有敏銳的覺察精神。既要善用組織支持自己，又不能完全依賴。只要發生事情，就要立刻逃跑，不論遇到什麼狀況，都不能喪失想像力。即使活得妥協，在關鍵時刻也不能退讓。保持這樣的態度，我們才能免於被捕食者吞噬。

4

確實終結
已結束的愛

感情本就容易讓人產生錯覺，
反反覆覆不足為奇，
只是在意料之外帶來一些傷痛罷了，
離開的人沒有錯，
留下的人更無過錯。

☸ 曾經十分重要的人

我十分清楚，看到這樣的標題，各位腦中應該浮現了某人的臉龐。曾經十分重要，但現在不連繫的人；曾經連昨天晚餐吃什麼都很好奇，但現在在哪裡做什麼事，都已經不清楚的人。

這裡並非要大家來趟記憶之旅，更不是要大家回憶過往的戀人。但如果你心中還有留守之人，現在讓他完全離開也不遲。

沒有什麼事，比送走結束的愛還重要。然而有些人根本毫無察覺愛已結束，還駐守於原地，抑或明白愛已結束，卻無法跨出步伐離開。有些人無法接納眼前的狀況，卻以時間為藉口，認為時間能解決一切。當然，療癒心中的傷口需要時間，這一點大家都明白。

事實上，要脫離愛的亡靈，並不是件容易的事。讓自己人生璀璨的人，怎麼能一夕之間忘卻了呢？視覺、聽覺、嗅覺、觸覺、味覺的所有體驗，相互交織形成強烈的記憶。只要一個微小的訊號，就能喚醒以為已遺忘的感覺。

逃離結束的愛的概念，不同於將戀人的記憶清除。就如同導演米歇．龔德里（Michel Gondry）在電影《王牌冤家》（Eternal Sunshine of the Spotless Mind）中想要傳達的，即使完全消除腦中記憶，身體仍會留存感覺記憶。要完全忘卻一個人，幾乎不可能。因此，我們要做的不是清除過去重要的人的記憶，而是將其對心理的影響降至最低。

既然如此，要如何讓結束的愛離開呢？前面介紹的武器——意志力和想像力，在思考逃跑或缺乏勇氣時，能發揮極大作用，但面對結束的愛情，即使知道該離開，卻沒有辦法或是提不起勇氣時，並沒有什麼效果。對此，前輩們也僅能建議「時間能解決一切、愛要用其他愛來遺忘」，雖然稱不上謬誤，但卻非完整答案。

精神分析學和心理學主張必須歷經誠心哀悼的過程。當有任何情感湧上時，不必去壓抑，只要盡情感受悲傷、痛苦和憤怒。最終痛苦會「自然而然」的降低，傷口會被撫平，轉而接納一切。這樣的說法雖然能讓人接受，但似乎又少了點什麼，究竟為什麼能接納，又是如何接受的，我並不清楚。真的只是「自然而然」嗎？

只要大致理解，就能有所幫助，但若能領悟所謂的「自然而然」，要逃離結束的愛，會更容易一些。以下的說明，是我個人對佛洛依德（Sigmund Freud）理論的解說。

佛洛依德將愛理解為性慾的結合。A愛B，代表A的性慾附著於B。相反地，離別則代表回收性慾。雖然大家都能理解，但回收性慾卻不能隨心所欲。

> 性慾應在既定的狀態中，找出能依快樂原則釋放能量的出口。性慾必須從自我脫離。

佛洛依德表示，性慾為了找到出口，必須脫離自我。因為這個緣故，A要從

B收回性慾的最佳方法是A脫離自我，將B的主要特徵植入心中。換句話說，唯有將愛人的一部分放在心中，才能真正地離開。

雖然佛洛依德的其他理論同樣都是無法證實的想像性理論，但只要能理解哀悼的過程，就能更輕易逃離結束的愛。

簡言之，**我們不必勉強消除記憶，或完全抹去受對方影響的改變部分，反而是要努力將對方的一部分變成為自己的一部分。**當我們能這麼做時，我們才能真正地離別。

你曾經走進別人的生命嗎？

多年前，我曾經介紹兩位要好的朋友互相認識。因為他們都十分清楚自己喜歡的對象類型，所以我認為只要介紹他們認識即可，我想像和希冀著他們能夠締結世界上最棒的姻緣。他們交往三年後，為了一些問題起爭執，導致雙方都很辛苦，最終決定分手。其中一方認為愛的結束不是分手，因此雙方都難以接受離別。

從表面看來，女方受的情傷比較重。她認為分開的原因在於自己，為此感到罪惡。因為女方痛苦地思念男友，所以開始接觸對方過去喜歡的小說、電影、音樂等。多年後，自然形成了她的文化素養。過去男友的世界，在不知不覺中轉變為自己的世界，發現這件事實後，她終於能夠完全的離開前男友，並且成功的逃離結束的愛。

不必清除男友的記憶，只是將對方愛的句子、旋律、台詞植入心中，就能真正和對方離別，很令人驚訝吧？

新的東西，指的是原來自己沒有，和對方交往、分手後才擁有的東西，又稱為「某人走進生命的痕跡」。前面介紹的女性友人，她所留下的前男友的愛好正是「某人走進生命的痕跡」。**心裡健全、健康的人，更存在許多痕跡。這樣的人**

能夠持續和不同的人交往，分手過後也能成長。他們能快速治癒傷口，拒絕被囚禁在「自我」的固有世界中，便能從自我走向浩瀚的廣大世界。

哈金（本名金雪飛）的短篇小說〈作曲家和他的鸚鵡〉即是藉由收回愛的過程成長的小說，至少就我的理解是如此。這部作品和哈金其他的小說相仿，主軸十分單純。

美麗的演員蘇普莉婭前往泰國拍攝之前，將別人送她的鸚鵡託付給她的男朋友范林。范林察覺蘇普莉婭不單單只是地域上的離開，內心也漸漸的遠離自己。對作曲家范林來說，鸚鵡只會妨礙他創作，但在經歷各種事情之後，范林逐漸對鸚鵡產生好感。隨著蘇普莉婭的鸚鵡成為自己的鳥兒後，他逐漸能接納蘇普莉婭的離開，也完成了不同以往的絕佳創作。鸚鵡成為「某人走進生命的痕跡」，帶領范林成長。

在這篇小說中，鸚鵡也被視為回收愛的必備象徵。當大家的心中各自擁有鸚鵡時，終能脫離結束的愛。其實任何事物都能成為鸚鵡。一位在小公司上班的朋友，好不容易通過教職考試成為數學老師，這件事成為了他的鸚鵡。他的前女友正是數學老師，成為相同的職業者，讓他完全離開了過去放不下的愛。

當某人離開後，對方的影響會在自己的生命中留下鮮明的痕跡。同樣地，自己走進他人的生命後，也會留下自己的香氣。當然，這是場不公平的遊戲，因為，自己能輕易發現對方在心中留下的痕跡，但卻沒有途徑得知自己在對方心中留下的蛛絲馬跡。以至於即使分手後，甚至是完全脫離結束的愛，仍會不時好奇對方的生活。

在我的心中，對方的痕跡如此鮮明，究竟對方是否也烙印著我的痕跡，又或者我僅只是微不足道的存在？偶爾總想確認。希望自己走進對方的生命，留下暴風般又無可抹滅的深刻痕跡，這樣的願望，會太貪心嗎？

☸ 放逐於想像之間

羅蘭·巴特（Roland Barthes）的作品《戀人絮語》（*Fragments d'un discours amoureux*）一書中，將我描述的「逃離結束的愛」解釋為「放逐於想像之間」。

法國精神分析學家雅各·拉岡（Jacques Lacan）將我們所處的世界分為想像界、象徵界和真實界。如果說存在語言的現實世界是象徵界，不存在語言、僅有圖像的世界即為虛無的想像界。真實界則是我們無法抵達、無法用語言表達的真實世界。

羅蘭·巴特認為人類的愛為想像界的經驗。我們回想過去的愛，能浮現一些脈絡，我們就如同沒有語言能力的孩子，在想像之間積累景像，再自行摧毀。我們成為雨滴，浸濕了戀人（黃仁淑，《我那憂鬱珍貴的他》），徹夜思念戀人，讓夜空分離（姜恩喬，《流星》）。明明沒有風，身體卻晃動（千祥炳，《野菊花》）。

因為栗樹的期待，眾多日日綻放的花朵，不過半天就開花了（鄭玄宗，《好風景》）。

無數的景象豐富了我們的世界，鮮明的記憶占滿了我們的生命。因為如此特性，所以羅蘭．巴特將逝去的愛比喻為「景象葬禮」。愛結束了，星星、雨水、風、花也都共同逝去。充滿華麗色彩的世界，一夕之間轉變為暗灰色，香氣與風味隨之消失，舒服的觸感也化為無感，你不僅被想像界所流放，也徹底被困於想像界之間。簡言之，你會處在守法、遵守重力法則的現實世界，認真負責扮演自我角色依循規則運行，但卻毫無樂趣的世界。

如果你還是覺得難以逃離愛和不甘心，覺得愛非得要堅持到底的話，不妨思考一下《大亨小傳》（*The Great Gatsby*）中的愛情故事。蓋茨比無法接受他和黛西的愛情結束，堅信可以和黛西一起奔走。最後，他替開車撞死人的黛西頂罪，被交通事故受害者的丈夫殺害。

他為了得到黛西，不惜手段賺錢成為有錢人，即使黛西已經嫁人，他仍然不放棄。在這段漫長的時間裡，究竟有多少想像形成又消失了呢？甚至蓋茨比也認為黛西是個只愛錢的女人，根本毫不關心黛西嚮往的人生。他只是在自己的世界，用自己的想像熱烈地愛著黛西。

閱讀小說的讀者，同樣很難理解黛西的真正想法，因為故事僅能透過蓋茨比和作者的描述窺探黛西。合理推測，也許黛西覺得蓋茨比比她那有暴力傾向又外遇的老公好得多，所以她對蓋茨比敞開心房，給他一些希望。然而，當她了解蓋茨比的愛不過是病態的執著時，她選擇逃離蓋茨比。逃跑的黛西和無法逃跑的蓋茨比，各自走向截然不同的命運。

那些逃離自己的人

我和我的妻子交往了一年半後結婚，在這之前我從來沒有一段戀情超過一百天。雖然現在看來心情雲淡風輕，但在之前心中總有陰影。過去的我認為交往時如果發覺不對勁，最好盡快逃跑，當然也有更多的女生選擇先離開我。

從二十歲開始談戀愛時就是如此。在我認為沒什麼問題，彼此關係也愈來愈堅定的時候，對方卻突然告知要分手。她們都說我是個好人，但無法把我當成男人。儘管難以接受，我卻沒有挽留。雖然我對外、對自己都佯裝泰然，但其實靈魂非常受傷，只是當時不太明白。

或許是一開始就錯了，導致後來反覆發生類似的事情。我帶著緊張的心情向對方告白，雖然對方接受了，但戀情總是不超過三個月，理由也都相似——無法把我當成男人。有一位更是在偷親我臉頰的隔天，就提出分手。那次最令我難以接受，但聽了對方的理由後，我忽然懂了。對方說因為漸漸沒有心動的感覺，所以透過偷親我的這個舉動，確認自己已經不再有心跳加速的感覺，也確信自己沒有把我當成男人來喜歡。

我們經常徹夜通話談天、互相讀詩、每天一起上圖書館讀文學、彼此持續情書往返。而她說我不像她男友，反而更像是位文學老師。我們有很多相似之處，她明明也很想跟我在一起，但她卻說那不是愛。

我有許多異性的朋友，結婚時前來參加結婚典禮的朋友中，女性更多於男性。我的異性朋友都覺得跟我相處起來很舒服。過去我總認為和男性、女性都能和平相處，是自己的最大優點，但幾次戀愛失敗後，我漸漸覺得這是個問題。因為女性不覺得我是男性，所以才能彼此舒適地相處。其實這並不是什麼天大的問題，但卻足以讓我感到自卑。

在自我意識強烈的十幾歲到二十多歲間，這件事對我來說不僅是個悲劇，更令我感到恐懼。交往一兩個月後被分手的打擊，遠遠超過告白時被直接拒絕。

其實只要多觀察，就能發現發生在自己身上的事並沒有什麼大不了。馬克·偉柏（Marc Webb）導演的《戀夏500日》（500 Days of Summer）、馬利歐·巴爾加斯·尤薩（Mario Vargas Llosa）的小說《壞女孩的惡作劇》（*Travesuras de la niña mala*）講述的都是無法成為「男人」的「異性朋友」的故事。

交往不久被分手時，分明還沉浸在粉紅泡泡的世界中，壓根無法理解被分手的原因，也無法正視自己的感情。我怨天尤人也怪罪對方，但僅是一時半刻，很快地就會打起精神，用盡全力以理性面對問題。最後，我終於發現了一個單純的答案——不過是對方不喜歡我罷了，不需要多做解釋。如果要追究，也許是起初對方誤以為喜歡我，後來發現並不是那麼回事。

得到這個解答以後，一切變得十分單純，我突然都懂了，其他說明都只是其次而已。不是因為對方是「壞女孩（《壞女孩的惡作劇》）」或「渣女（《戀夏500日》）」，也不是因為我的男性魅力不足。這些都不是事實，無須解釋或證明。對方不喜歡我，這件事實說明了一切，並沒有任何人的錯誤介入其中。

接受事實以後，愛情終於不再複雜。我反而感謝離開我的那些女孩，她們讓

我不必再苦惱，我只要全心離開她們就好了。感情本就容易讓人產生錯覺，反反覆覆不足為奇，只是在意料之外帶來一些傷痛罷了，離開的人沒有錯，留下的人更無過錯。

雖然我沒有長期交往後分手的經驗，但應該也是如此吧？不過是不再喜歡而已。時光流逝，所有的一切本來都會變，愛情不過是眾多變化的其一而已，分手再正常不過。有了這樣的想法以後，覺得對方背叛、覺得對方對不起自己的爭辯，都不存在任何意義了。

如果你覺得自己是被害者或加害者，心裡深受折磨，希望你能記得，不愛了卻不肯走，才是真正的傷害彼此。

☸ 唯有逃跑才能遇見真正的愛

我的二十幾歲，就在逃跑與被逃跑之間度過。遇到現在的妻子之前，在交往時一覺得不對勁就逃跑，不願意為愛做任何妥協。稍有不滿意，就毫不猶豫轉身離開。我不怨恨離開我的人，對於自己主動離開，也不再感到罪惡。

之後，我遇見了我的妻子。遇到她以後才明白，原來我一直在找尋那樣的人——能讓我做自己的人。我們在彼此面前不用扮演別人，也不用耍帥或裝酷。

最初我向妻子告白時，她沒有立刻答應，而是問我為什麼喜歡她。當時我裝模作樣，回答說理由可以上百個。妻子沒有被糊弄，要我寫出這一百個理由，她的反應當下讓我有些慌張，但我直言要寫兩百個都沒問題。數字就這麼被決定了，妻子要我寫兩百個原因，我根本無法忽視她期待的眼神。

起初我的心情就像被指派艱困作業的小學生一樣，不過後來回想，用語言表達出喜歡她的兩百個理由，其實是件很有意義的事。幸虧我是學文學的，曾練習韓波（Arthur Rimbaud）所說的「見者（Voyant）」，也明白如何將抽象事物具體化，能夠以語言正確傳達。我很輕鬆就完成了兩百個理由，完成作業的同時，我彷彿又更靠近她一步。（在韓波的詩歌中，「見者」是指著眼現在又能預知未來的能士，他們可以看見別人看不見的未知世界，也培育了比別人更為豐富的靈魂。）

我們反覆歷經離別、反覆在愛情裡失敗，會不自覺的產生責怪的心理。如果責怪對方，憤怒的情緒會滋長，如果責怪自己，憂鬱的情緒就會一擁而上。更嚴重一點，甚至會對異性或對自己產生厭惡情緒。自己可能會認為是世紀悲劇的主角，甚至感到疲憊不堪而關閉心門。這已經不是逃跑，而是直接放棄，如果是逃跑，至少還會留點下次要起跑的動力。

當然，愛情並非人生必備。生命不存在任何正確答案，只要以自己的經驗和判斷過自己想要的生活就可以了。不過，不論選擇怎樣的人生，都要出自自己的主觀判斷，別因外在狀況讓人生隨波逐流。覺得愛情辛苦、痛苦時也別放棄，儘管逃跑吧。如果有人逃離自己，就接納一切送別對方吧。

喜歡的理由可以寫兩百個，離開的理由當然也能寫兩百個。感情看似複雜難以揣測，但其實很單純，只是其中一方不愛了，並不能怪罪任何人，不如看作愛神邱比特的箭射偏了。反覆練習離別，也許有一天就會遇上真正的愛。我在這樣的情況下遇見了現在的妻子，我的經驗如此，而我也是這麼深信著。

5

活出自我的陷阱

為了活出真正的自我，
為了實現自我，
我們一生至少要有一次，
提起勇氣改變自我個性。

☸ 需要改變個性的原因

常言人不會輕易改變，甚至有「人如果突然改變，可能死期將至」的說法。不會輕易改變的特點，我們又稱為「個性（character）」。因為個性造就的故事比比皆是。昔有鄭道傳和李芳遠的世子位之爭，所以創造了朝鮮時代初期津津有味的故事；今有二〇一八年亞運會男子足球決賽時，李昇祐和黃喜燦的先後進球，而讓賽事更加精采。但人不太會改變的說法完全不能修改嗎？

雖說即使個性上有致命的缺點，也能為個人故事增添色彩，所以我們沒有必要為人生增添額外的困擾。但是如果想要成為更好的自己，就必須要改變。尤其應該察覺妨礙自己成長的缺點，並盡力改變，這也是為什麼自我成長類書籍的核心都是「改變」的原因。自我成長書籍賦予有此需求的讀者動機、成功改變的方法，以及具說服力的成功故事。

只是這一類成功改變人生的自我成長類書籍，已經漸漸沒落。年輕世代對於要改變自我的主張沒有同感。他們很明白即使自己改變，世界上還是存在極多矛盾。觀察出版市場近年暢銷書的書名，能對這樣的改變略知一二。現在大家追求自己想要的生活（《我決定就這麼生活》），不害怕被討厭（《被討厭的勇氣》），努力不去在意周遭不必要的眼光（《不在意的技術》），而且努力做自己（《我要做自己》）。

這類書籍同樣在討論變化，只是方向已不同於以往敘述要如何成功。主軸已從「外在希望的自己」轉變為「真正的自己」。潮流趨勢會隨時代改變，但從來沒有一個世代忽略改變的必要性。當時代將我們推向一端，為了保持平衡，我們必須往另一端的方向移動。

近來年輕人著迷算命，不論是塔羅或占星，算命的目的都不是為了受宿命所支配，而是為了分析自我個性。了解自己是個怎樣的人，才能理解自己過去的行為，並預測未來該如何應對。除此之外，還能藉此診斷符合自己個性的選擇、了解應當小心的部分，以及該如何克服。九型人格和 MBTI 等各種分析的目的和本質也都如出一轍。簡言之，透過分析自己的個性，能幫助我們判斷該如何改變。

多年前我也曾經算過命。我算了自己生辰時刻最明亮的星星和星座，分析自己的個性和命運。占星和東方的八字一樣，都是以統計為基礎的占卜。

結果出乎意外，算命師精準的算出我什麼時候升遷、何時搬家、畢業的學校、個性如何、興趣與喜好等等，非常準確。尤其是擔任主管的我如何和下屬相處，也完全命中。對方說因為我出生自仔細的秘書星，所以對下屬所做的一切完全不滿意，導致大家非常辛苦。

這正是我每天在苦思的問題。我像被一語道破般，覺得內心奔騰。工作方式和我的個性分析，對我有莫大的幫助。我了解該小心哪個部分，以及該如何改善。托算命師的福，我開始慢慢改變。回饋組員的時候，我會更站在對方的立場上思考。

角色個性稍微調整，會導致故事的力道減弱。但其實我們的人生不是電影或小說，故事張力愈弱愈好。我們的人生也沒有觀眾，不必太過津津有味。

從不停止的列車下車

前面關於我在工作上改變的案例事實上存在著陷阱。主管對職員的改變相對簡單，「甲方」或加害者只要反省、檢討自己的行為和態度，就能解決很多的問題。但假如我自己是「乙方」或被害者呢？即使改變自己的個性，問題被解決的可能性也不大。結果只有鬥爭獲勝、選擇放棄與繼續痛苦、不顧一切逃跑三種。

想想看奉俊昊導演的電影《末日列車》（Snowpiercer）。在停下來大家就會死亡的列車內，前面車廂的領導者要大家待在自己的位置上。乘坐最後一節列車的主角不肯聽從命令，遂從車廂往前移動。終於來到最前方的車廂時，他們改變想法，決定逃到列車外。因為列車外出現了北極熊，這表示外面世界的凍原正在融化。

我們大多時候就像搭乘末日列車的乘客一樣，根本不會想到要逃離列車。電視劇《未生》的經典名言：「裡面是戰場，外面是地獄」，完全體現了所有上班族的處境。每個月入帳的薪水和印著頭銜的名片，就好比無法停止的列車。

在無法停止的列車內，我們遭受到不當的對待也會忍耐。性別、外貌、地區、學歷、年紀與職場等等導致的不公平，我們一律會堅忍。過去數十年間，無數的勞動者挺身奮鬥，而現在的勞動市場即使已經比過去好上太多，但一切不過是變為能夠忍受的程度而已，如果沒辦法忍耐，就會有沉不住氣、不適應社會或個性敏感等批評。這些都是事實也威力十足，讓我們更感壓迫。

我曾經詢問很有工作野心、懂得交出工作成果的女性後輩，讓她產生原動力的關鍵為何。她的回答出乎我的意料，竟然是出自「憤怒」。從十幾歲學生時代到現在，因為身為女性的關係，受盡各種不平等的對待，讓她感到憤怒，也是因為這樣的憤怒，帶領她走到現在。當然，實際上她不太會表現出憤怒，頂多表現出果斷發言的樣子罷了。她對大家都很和善，尤其很照顧後輩，也很願意支援主管，看上去十分適應社會生活。

後輩獨自戰鬥著，爭取到前方的車廂。雖然我並不知道她最後是否成功前進到最前方的車廂，又或是選擇逃離列車，但不管她做什麼選擇，我想我都會誠心支持她。

我們都在為自己戰鬥，為自己的權利和自由鬥爭。從進入職場的瞬間開始，就在爭奪權利和自由，勝利即可往前邁進。如果道路受阻，可能稍微倒退休憩，但不會改變戰場。我深受信任的前輩影響，他們帶給我十足的勇氣與信念。

如果你成功地在自己的領域勝出，必然會遇到有人想要占據前方列車，或需要選擇下車的時刻。究竟要用什麼樣的基準來判斷，之後才不會後悔呢？對於時間有限的上班族來說，有什麼比得上何時逃跑、要逃到哪裡還重要的決定嗎？

☸ 勒內・吉拉爾（René Girard）的慾望三角形

若想要做出不後悔的選擇，必須完全理解自己的想法。不了解自己真正想要什麼的人，不僅無法為自己抉擇，更可能做出消耗自己的選擇。

你可能會覺得，真的會有人不知道自己想要什麼嗎？大部分的人其實都不知道自己真正想要的是什麼。即使他們表明知道，也不過是在自己的經驗和知識的狹小範圍內而已，就如同沒有品嘗過鵝肝的人，聲稱自己最喜歡的食物是鵝肝一樣。

我們的經驗有限，極有可能是透過他人的慾望，決定了自己的慾望。法國文學批評家勒內．吉拉爾說，我們深信的慾望，不過是「浪漫的謊言」而已，我們執著的是他人的慾望。在《浪漫的謊言與小說的真實》（*Mensonge Romantique Et Verite Romanesque*）一書中，他以「慾望三角形」和多篇小說為例說明。舉例來說，唐吉訶德透過阿瑪迪斯（塞凡提斯〈Miguel de Cervantes Saavedra〉作品《唐吉訶德》〈*Don Quijote de la Mancha*〉一書中的主角與其想效仿的騎士），得到了自己理想的騎士慾望。

除了以文學巨作中的主人公為例之外，我們只要深入剖析自己的慾望，必能找到模仿他人行為或喜好的痕跡。舉凡對升遷、創業、投資、談戀愛、結婚、想要東西的深層慾望，都不難找到不被他人影響的部分。

難道自始自終都沒有自己真正的慾望嗎？如果有的話，該如何尋找呢？勒內．吉拉爾認同真的慾望，並且以熱情作為區分。真正的慾望比其他慾望還要強烈，會展現出高度的熱情。反之，**在模仿他人的虛假慾望中，只會充斥虛榮心，找不**

到一丁點的熱情。換言之，區分內心的虛榮心與熱情，能幫助自己找出真正的慾望。

想起來，其實是虛榮心作祟。我不像文學家「為肚子餓的乞丐創造醜聞」（金炫《文學能做什麼》）而寫小說，不過是想要耍帥而已。以虛榮心起始的事情，熱情的有效時間並不長。我羨慕那些在文學獎中得到高額獎金的年輕作家，但在知道僅有屈指可數的人，能以全職作家的身分存活下來的事實後，我的熱情很快地被澆熄。我了解到自己的慾望，不過是虛榮心作祟而已。能夠發掘這個事實，已經算是幸運了。

慢慢累積這樣的經驗以後，更容易去區分熱情與虛榮心。尤其是被非出自內心的慾望背叛過幾次後，便徹底了解到改變個性、快速轉換姿態的重要性。如果發現自己的慾望並非出自熱情，更趨近於虛榮心的話，必須要能毫不猶豫地轉身離開。

毛姆（William Somerset Maugham）的小說《月亮與六便士》（*The Moon and Sixpence*），探討的就是這個議題。這部小說描述保羅．高更的人生，前半部類似懸疑小說。在職場和家庭認真扮演自己角色的平凡男子史崔蘭，有一天突然拋下一切消失了。妻子相信他有了其他的女人，拜託好友幫忙找人。

如果你在閱讀這部小說時，不知道故事的主角就是保羅．高更，你會很訝異故事後來的發展。妻子的好友後來終於找到他，詢問他究竟為何拋下妻子離開，他這麼回答：

「我想要畫畫。」

因為內心極度渴望畫畫，為了實現願望寧願拋下妻子逃跑。在他的慾望裡，有可能存在虛榮心嗎？我們有可能估算出他的熱情嗎？

史崔蘭的職場和家庭生活不過是模仿他人的慾望，他了解這個事實以後，轉而迅速地奔向藝術的人生。他甚至希望脫離人類創造的文明，逃到保有大地原始之美的大溪地島。

為了活出真正的自我，為了實現自己真正的慾望，我們的人生至少要有一次，拿出勇氣改變深信的自我個性。

自我開發的化身

我在出版業工作逾十年，見過自己心中認為成功的人士，也見過大眾普遍認定的成功人士。老實說最初我有點抗拒，心裡也有些偏見，總覺得他們看起來有點狠，好像也比較自私。他們的強大野心和慾望讓我備感壓力，尤其他們相信自己能夠影響他人的態度，更讓我覺得傲慢。

後來與他們建立交情後，我才慢慢了解自己的判斷存在莫大的錯誤。雖然我並不想承認，但其實我很羨慕他們擁有的地位、名聲、築夢成真與獲得的財富，乃至於令我畏縮的自由與權利。

在放下先入為主的觀念後，我看到不一樣的面貌，也就是他們的熱情。正確來說，是他們對變化和挑戰的熱情。他們並不是為了滿足模仿他人的虛榮心而驅動自己，他們克服自卑感，為了成為更好的人而努力。尤其是那些克服艱困環境，為自己爭取理想人生的那些人，他們對自己的作為充滿自信，無所畏懼的迎向夢想。

他們的動力來自於熱情，而非虛榮心。感受到他們真切的熱情和努力，讓我深受感動，也讓我深信自己有能力改變。我彷彿被他們的熱情感染。

我想，這就是我擔任出版社編輯的最大優點。近距離接觸每個領域的成功人士，並且和他們交流，讓我獲得無法言喻的巨大影響。甚至連我不同意的部分，也漸漸開始內化，逐漸變成更好的自己。

塞繆爾·斯邁爾斯（Samuel Smiles）也和我一樣有相似的經驗。出生於宗教家族的他，同時也是十一位兄弟姊妹中的老大，長大成人之後，他選擇告別壓抑自己的家族和宗教。他所奔往的地方，正是以熱情和合理性支配的十九世紀。

起初他就讀醫學，後來開始進行社會運動，也著手寫新聞報導。投身於傳播知識的他，被同樣出身於蘇格蘭的哲學家湯瑪斯．卡萊爾（Thomas Carlyle）的話感化。湯瑪斯．卡萊爾說：「世界歷史不過是偉人的傳記。」於是，他克服了自我限制，開始蒐集偉人的故事，並於一八八五年出版《自助論》（*Self Help*）一書。

> 天助自助者。

這句名言是這本書的開頭。自我開發書籍的英文是「Self-help book」的原因，也是來自於這本書。換言之，一八八五年出版的《自助論》可以說是現今自我成長類書籍之始。這本書中記載眾多偉人的成功故事，更具體來說，是講述那些成功幫助自我改變的事例。這些故事讓讀者感動，也賦予他們動機。

自我幫助，代表著不倚賴他人。然而，《自助論》出版至今超過一百六十年，我們仍不時將自己的人生附著於他人的選擇和判斷。當然，這並不僅止於小時候詢問父母能否去朋友家玩這等小事。

不管是大學選科系、找工作，甚至連自己的婚姻，都需要詢問父母的意見。在職場上，沒有主管的同意，同樣不能任意下決定。**我們一輩子都仰賴他人的判斷，站在重要的人生交叉路口前，我們無能為力，只能逃避抉擇。我們將自己的命運交付予他人、時間和命運，再感嘆人生世事不如意。**

值得注意的是，自我開發書籍所說的改變，並非要勉強成為他人，而是要成為真正的自己、更好的自己。「自我革命」這個詞流行的原因也在於此。

同樣的脈絡，進行自我開發時，不能無條件模仿。我們沒有必要仿效他人的慾望或成功事蹟，而是將他們的熱情，轉化為自己領域的力量。

☸ 生命擺盪在倦怠與痛苦之間

或許還是有很多讀者，對於討論改變和自我革命的成長類書籍感到反感。如果你也是如此，我想要介紹「倦怠」這個概念。一起來欣賞馬光洙教授的第一本長篇小說《倦怠》中的一首詩。這首詩的名稱同樣是「倦怠」。

假若不痛，即是倦怠
沒有戰爭即和平
不，是倦怠
苦盡甘來
不，是倦怠
愛情終將走向婚姻

不，是倦怠

沒有高潮

這首詩展現了人稱慾望哲學家——阿圖爾．叔本華（Arthur Schopenhauer）的影子。叔本華曾說：「生命擺盪在倦怠與痛苦之間。」**他所探討的正是不痛苦就倦怠，這個生命之所以脆弱的原因。他說如果沒有痛苦，理應要幸福，但我們卻只感受到倦怠，表示我們在不知不覺間，做出許多破壞自我的愚昧行為。**

過去在擔任校園記者時，曾經採訪過馬光洙教授，當時我問教授對於倦怠的想法。教授說無法忍受倦怠和妻子離婚，是他人生中最大的錯誤，他很懊悔自己被倦怠所吞噬。教授不時表露出悲傷的神情，透漏了倦怠是多麼不容忽視的情緒。當時的我不過二十多歲，每天都在認識新的朋友，累積新的經驗，根本不懂何謂倦怠，但或許我就是在那個時候，第一次對倦怠產生了恐懼。

後來馬光洙教授離開了我們，教授的人生，或許就擺盪於倦怠與痛苦之間。我認為倦怠或許是超乎痛苦的痛苦情緒。伊比鳩魯（Epicurus）的哲學將沒有痛苦的狀態視為快樂，這是多麼樸實的狀態。我認同愈追求快樂會愈痛苦，也對於以脫離痛苦讓心裡平靜的方式獲得幸福這件事，同樣點頭如搗蒜。除非成為菩薩，不然一般人有可能達到這樣的狀態嗎?當然若要反駁伊比鳩魯的說法，可以將倦怠視為現代的文明病，但伊比鳩魯應該沒有這樣的概念。

現代人贊同尼采（Friedrich Wilhelm Nietzsche）更勝伊比鳩魯的原因，或許就在於此。尼采說要擺脫叔本華所說的痛苦和倦怠地獄，只有一個方法，就是不斷地前進，不求安全持續冒險。對尼采來說，沒有風波的旅程只有單調與無趣。他說風暴中藏有喜悅，苦難愈多心跳愈強烈。

就叔本華看來，伊比鳩魯是從痛苦逃到倦怠的人，而尼采則是從倦怠逃到痛苦的人。然而，伊比鳩魯相信逃離痛苦會有快樂，尼采則認為逃離倦怠會有喜悅。

唯有嘗試逃跑，才能明白是否成功，不論如何，都已經動身逃離痛苦與倦怠了，不是嗎？

抗拒「想要實現世俗的成功，就要改變自己、自我革命的自我成長派」的人，對於倦怠必定有所恐懼。人類對於空虛和無力感到極其脆弱，為了擺脫倦怠，必須不停歇地改變、找尋新的挑戰。當然，如果你被困在叔本華的「脫離倦怠便是痛苦」的框架中，你或許會認為改變與自我革命是無意義的行為，抑或是傾向失敗主義。

最後，我將介紹二十世紀的文學給那些不曾嘗試就放棄的朋友。被譽為義大利文學巨擘的艾伯托·莫拉維亞（Alberto Moravia）的小說《煩悶》（*La noia*），詳細描述了倦怠的真面目，透過這部作品，能夠窺探倦怠的本質。

主角在序言裡，以絢爛的語言說明倦怠的情緒。神創造世界、亞當和夏娃嘗禁果、神以洪水滅世人、基督教的誕生、發現美洲新大陸、發生法國大革命、俄羅斯革命，都是出自於倦怠。這裡沒有所謂的善惡判斷，只有被倦怠追趕的脆弱人類。

除此之外，主角將人類倦怠的根本原因指向溝通不足與關係斷絕。當人類感受到與世界失去連結的瞬間、和任何人都無法溝通的瞬間，倦怠將隨之爆發。

所以，我們該如何處理倦怠？小說裡描述人類不可能戰勝倦怠，也不可能完全擺脫倦怠。我們能做的，只有持續奮鬥而已。即使無法戰勝，至少不至於被擊敗。此外，對付倦怠的最佳方法，是持續和世界連結、溝通，從小房間出走到大廣場。這裡和我在第一章強調要逃離自己，而非逃離世界的論點不謀而合。

即使無法自我成長，即使決定要依命運行事，不想被倦怠吞噬，就要持續前進，因為「所謂的生命，就如同躺在無法久躺的不舒適之床，必須持續變換位置」～（艾伯托．莫拉維亞，《煩悶》）。

6 沒有正確答案 必須持續 修正與加強

我們能做的，
只有接納一切，並且前進而已。
如果發現錯誤，只要改正、調整就好，
我們仍是美麗的光與物質中的一部分，
記住別停下腳步，務必持續前行。

☸只有能贏的時候才爭嗎？

我善於分辨戰鬥的輸贏，如果會輸，一開始根本就不會應戰。當然，大部分的戰鬥我都不會輸。不僅只有我如此，莫約在二〇〇三年至二〇一〇年讀大學的我們，也就是所謂八十八萬元世代（譯註：該世代面臨失業、非正式雇傭等艱難狀況，平均月薪只有八十八萬韓元）的朋友，大部分都避開了一開始就會輸的戰鬥。

舊世代並不適合我們，尤其政治激進派的大人更是大力攻擊我們。洪世和前輩說我們是連問題都找不出來的無知大學生，金容敏前輩也說我們這一代只求默默讀書、畢業、混口飯吃的安穩生活。就連稱呼我們為「八十八萬元世代」的禹皙熏老師都要我們放下英文檢定書籍。睦秀景作家也將我們歸類為放棄戀愛、結婚的無能世代。因為我們這個世代只關注求職，不懂得抵抗這個世界，甚至放棄投票。

其實過去我也曾放棄過投票權，二〇〇七年在退伍後立刻前往愛爾蘭那一年便是如此。我沒有參與投票，但心中其實沒有罪惡感，因為很明白沒有勝算。那些候選人都是責備我們的大人，我不願投出自己珍貴的一票。

那段時間對於大人的攻擊我並不在意，但很神奇地，在《浴血圍城88天》（The Great Battle）電影中，城主楊萬春的攻擊卻讓我動搖。「你只有能贏的時候才爭嗎？」這句指責，讓我回頭審視自己的人生。這句話後來被選為該劇的名言，或許是因為有很多人和我有類似的同感吧。

我在二〇〇三年時如願進入想念的大學就讀，一年後才依成績決定主修科系。大家都是依成績決定，我並沒有什麼異議。二〇一〇年畢業時，當年的就業困境嚴重，但我很順利地找到了工作。我沒有準備大企業的考試，也沒有考公職，而是盡可能快速地找到符合能力的工作。

後來我仍是避開了無法勝利的鬥爭，換了幾次工作，經歷了經營類書籍和自我成長類書籍奉為教條的「二十歲的成功」，因為會輸的戰鬥，我一律避而遠之。

我從未體驗身處谷底的感覺，所以不懂什麼是自責與自卑，而這也是我對於過去的心結。大家都很害怕落底的感覺，但我心裡很清楚，巨大的失敗也會伴隨著新的生命動力。我在出版業遇到的成功人士，大都曾經克服極度的困難，才得以開拓自己的道路。**不知道是幸運還是不幸，我沒有那樣的經驗。因為沒有經歷過大失敗，所以更害怕失敗，因為擁有的少，所以更汲汲營營守護，我就這麼成為了保守主義者。**

我想大家都同意，生命中的失敗與挫折，往往多過於成功。擔任出版社企劃時，我不斷地懷疑自己的能力，幸虧曾經擁有成功的經驗，讓我能放下對自我的懷疑。

不知不覺的，我已經成為走在既定道路上的舊世代。我活在社會期待的框架之下，只參與能勝利的戰鬥，以極緩慢的速度拓展自己的領域。

最近不知為何，有時候會想踏入沒有勝算的戰場。過去都在修改、編輯別人文章的我，現在決定親自執筆，或許也是出自同樣的慾望。相信各位也一定曾有同感，但不管是什麼，我們都不要害怕。害怕失敗是下下策，也會是最大的失敗，千萬別忘了。

元曉甘願成為破戒僧的原因

詩人兼小說家金宣祐的小說《發願》詳細描述了元曉（元曉大師，新羅國華嚴宗僧人）和瑤石公主的故事。在這部作品中，元曉被重新詮釋，比起過往我們所熟知的元曉更津津有味。

元曉因為對接納三國統一命運的金春秋（太宗）說明生命的珍貴和反對戰爭，而被列為首位需要剷除的對象。由於老百姓已經厭倦戰爭，因此開始支持元曉，並將其視為活菩薩。對金春秋來說，要除掉元曉並不是件困難的事，但他若這麼做會完全違背民意。

金春秋很清楚自己該如何做，才能獲得民心的支持。他不能除掉元曉，而是要讓他聲望大跌。最簡單的方式，就是讓他成為破戒僧。如果元曉有女人，並且生下孩子，大家對於元曉的尊敬勢必一夕之間毀滅。

金春秋確實是位不折不扣的悲慘父親，他利用了自己成為寡婦的女兒瑤石公主。實際上元曉與瑤石公主是否相愛、瑤石公主生下的兒子是否真為元曉的兒子無人能知（我想也許不是），但一切真如金春秋的如意算盤，他讓元曉落水並到瑤石公主的住處晾衣的計策成功了。

元曉最終接納了瑤石公主和那個孩子，成為破戒僧，受世人指責。元曉很明白這一切都是金春秋的計畫，但他卻甘願自己落入陷阱。這裡我所好奇的是，元曉為什麼做出這樣的選擇？說明答案之前，我想先仔細說明一下關於「逃跑第一人」元曉的人生。

元曉自幼夢想當個領導者，所以離開故鄉來到新羅的首都鷄林。當他當上青年領袖後，很快地就發現這件差事並不適合自己。即便遇到了敵軍，他也無法下手殺害對方。最終他選擇逃離那裡，歸依佛門。

他最初出家的地方，是新羅最大的寺廟皇龍寺，不過很快就逃出來轉往芬皇寺，因為他對於掌握權勢的墮落僧侶感到失望。後來他隨義湘（新羅僧人及朝鮮華嚴宗之祖）入唐，中途遇上意外而再次返回新羅。他在人生的重要時刻，都放棄原本的道路，選擇逃往新的地方。

會如此的理由很簡單，因為元曉持續在頓悟人生，每當他有所頓悟，都不會猶豫而是直接行動。他選擇接受成為破戒僧的原因也正是如此。悲慘的父親即使利用未出世的孫子性命，也要達成自己的願望，元曉很明白這一點，而他也選擇犧牲自己。當公主與腹中的孩子成為元曉的家人後，元曉終於得以脫離宮中，過著自由的人生。

元曉放下了自己的勝負，選擇擁抱生命。對他來說，生命彌足珍貴，勝過世間一切。離開宗教的世界回到世俗，並不是因為害怕而逃跑。他並不如我們一般人，總是在計算是否有勝算，他的心中根本不存在勝負。完全沒有勝負觀念的他，怎麼可能害怕失敗呢？

元曉不會受困於任何地方，不管到哪都無所畏懼，跟隨著心中的堅信行事，如果他的堅信改變，也會立即轉換道路。**他雖然身為追求真理的宗教人士，但也明白生命沒有解答，一輩子都在修正方向，探索其他道路。**

如果你有想要達成的目標，並且不顧一切朝目標前進，又或者你堅信那是唯一的解答，就極有可能落入危機之中。隨著時光流逝，世界會改變，自己的身心也會改變，或許所謂的答案根本就不存在。如果沒有達成目標，也許一輩子會遺憾；即使達成了，也可能發現那並非自己真正想要的，而深感空虛。所以，應該及時的選擇逃跑，以免一輩子受困，喪失嘗試其他人生的機會。

這就是我們該向元曉學習的——放下學生時期在教科書上學到的一心一意也無妨。他輾轉成為僧侶、放棄入唐返國、為守護珍貴生命而成為破戒僧，這樣的精神值得我們學習。此外，我們也應該向元曉一樣，調整生命的方向，找尋其他道路，透過這個過程，我們就能迎向偉大而有趣的人生。

能贏也不爭的人

說自己能贏才爭的人，或許只是偽善而已。但能贏也不爭的人，究竟會有多少人？

我在多羅多大學心理學教授喬丹·彼得森（Jordan Peterson）的著作《生存的12條法則》（*12 Rules for Life: An Antidote to Chaos*）中，讀到了龍蝦戰爭的故事。

龍蝦們為了守護攸關安全與生殖的自我領域，拚了命和其他龍蝦戰鬥。然而，勝利和失敗的龍蝦們的腦，卻是天差地遠。勝利的一方有勇氣持續和世界戰鬥，輸了的一方即使遇到比自己還弱的龍蝦，也沒有任何戰鬥的想法。

> 戰鬥決勝負後，勝者翹起觸角，敗者傷痕累累鑽入沙中。如果較弱的龍蝦一開始便不爭奪，堅守較低的地位，就能保有健全的身體。

對於過去只會做勝者之爭的我而言，其實擁有十分聰明的生存策略。因為只參與會贏的戰爭，所以擁有勝者的腦，並且以這個力量對抗社會，慢慢往前進。

但是也有無數連會贏的戰爭都不參與的人，從一開始就選擇避而遠之。我周遭很多朋友出自師大或教育大學，身處八十八萬元世代的他們，都是學業頂尖的佼佼者，為了追求安穩的生活，選擇了教師這個職業。雖然我覺得他們的選擇並不恰當，但是可以理解他們的行為。因為就業困難已是事實，即使就讀優秀大學、進到大企業，也不代表能永遠保住飯碗。

只是一逃避戰鬥決勝負後，就有可能會持續的選擇躲避，所以接下來的選擇就很重要了。我那大考考得不錯的大邱朋友，分數幾乎可以穩上大邱教育大學，但他害怕有個萬一，所以填了離家非常遙遠的教育大學。不僅如此，分發考試時，也以分數只超出門檻一點點為由，沒有申請離家近的地區。不僅那位朋友如此，很多大邱的朋友申請慶尚北道，也有很多大田的朋友申請忠清南道，但是那些朋友的成績，其實都可以錄取大田和大邱所在的學校。

我不理解朋友的選擇，於是花費不少心思說服，希望他們別害怕，盡量申請自己居住地區的學校，只是完全沒有一位朋友願意賭一點點勝利的可能性。結果出來以後，儘管他們的眼神透露出不少後悔，還是將自己的選擇合理化，認為這是不得已的選擇。

不論在大都市擔任教師，還是在人口不過十萬人的小城鎮教書，其實都沒什麼差別。不過如果總是躲避，遇到真正需要爭取的時候，有極高的可能性會選擇閃躲。人生在世，需要爭取的時刻其實不少。當經營團隊下了不合理的指示、遇到不合理的交易或客人、被職場上司騷擾，和各種大大小小需要捍衛自己的事情層出不窮時，如果連能贏的戰鬥都不爭，只會選擇躲避，遇到真正不合理的情況發生時，真的能為自己站出來發聲嗎？

我並不是要鼓吹大家為了實現和平與社會正義，明知會輸還要站出來爭取，而是至少能贏的戰鬥不要躲避。儘管在當兵時被欺壓，但遇到能處理的狀況或人時，我不會閃躲。了解對方的能力或武器後，至少下次會小心一點。當被權力和力量都比自己還低的人攻擊時，會讓人感到羞恥，所以會盡可能的閃避。當然，有些人會用更狠毒的方式欺壓自己，因此必須看人行事。

在職場工作時也是如此。如果遇到不合理的狀況，必須吹哨警告對方。如果確實是對方的不對，自己合情合理的話，沒有理由戰敗。所以剛開時要就事論事，如果對方心裡覺得受傷，事後再道歉就好。只要漸漸參與能贏的戰鬥，慢慢拓廣自己的領域，就能向想要的人生更靠近一步。

☸ 避開第二支箭

將愚昧的人和擁有智慧的人分開，讓他們感受好情緒和壞情緒。愚昧的人會被情緒所困擾，並執著其中，而擁有智慧的人即使有情緒，也不會執著。因此稱愚昧的人中了第二支箭，擁有智慧的人不會中第二次箭。

我閱讀這段佛教的教誨時，如雷貫耳。佛教將面臨不如己意的狀況稱為逆境，如己意的狀況稱為順境，不論是怎樣的境界，人類都會面臨第一支箭。所謂的第一支箭，是指面臨狀況時產生的想法或本能反應。看到漂亮的東西，心裡覺得真漂亮；看到美味的料理，心裡想要親自品嘗；遇到悲傷的事情，感受到悲傷的情緒等皆是。人類沒有道理避開第一支箭，佛祖也說人類絕對無法躲避第一支箭。

至於第二支箭，則是從中了第一支箭之後開始的其他情緒或慾望。看到漂亮的車，心裡覺得漂亮無妨，但如果心裡產生野心想要獲得，可能行搶或支付鉅額貸款購買，便是中了第二支箭。看到朋友有好東西，覺得羨慕或忌妒都無妨，但若因此貶低自己，或是對世界憤怒，同樣是中了第二支箭。

生命中發生的大部分問題，大都起源於第二支箭。不，應該說如果能止於第二支箭，就算是很幸運了。若中了第二支箭時，自己的身心會不自覺進入無法控制與覺察的狀態，以至於繼續中了第三支、第四支、第五支箭。**即使一開始中的箭十分巨大，也不至於承受太大的打擊。只要避開第二支箭，生命便能找回原本的樣貌，順利前行。**

我所知道的最致命之箭，是「無名怨憤（ressentiment）」。尼采所說的無名怨憤是弱者對強者的忌妒、怨恨、憎惡、猜忌、自卑感等混雜的情緒。活在比較之中的我們，一輩子都無法閃避無名怨憤的情緒。

我熟識的後輩M到朋友家拜訪後，落入無名怨憤的情緒之中。看到朋友和很會賺錢、從事專業工作的另一半結婚，住在大新房過著富裕的生活，這是第一支箭。除外，朋友認為M用盡全力地想在工作上交出好成績，是無意義的行為。這讓M的心裡十分受傷。

如果M中了第二支箭，要解決情緒會有以下反應。服從造成無名怨憤的基準，下定決心要和朋友過類似的生活，或者翻轉無名怨憤的基準，忽視依賴另一半經濟能力的朋友。

不過，幸好M拒絕了這兩條路。M很明白自己中了無名怨憤的第一支箭，為了脫離該狀況，他選擇脫離當事者的角色，轉換為觀察者，也因此看到了不一樣的面向。

選擇結婚放棄工作的朋友，看著自己開心分享工作上的事，同樣會中第一支箭。朋友看到自己在事業上的成功，難免會產生忌妒和猜忌的情緒。察覺彼此會有類似的情緒後，第一支箭的衝擊慢慢消失。兩個人再次恢復過往的好交情。

仔細觀察周遭，這樣的快樂結局其實是少數，大多數的結果是兩人走向「絕交」之路。所以不管是什麼原因，都不可能避開第二支的「絕交」之箭。如果彼此的關係不容易斷開，雙方繼續吵架、互罵、詛咒，便會中第三支箭，接著更可能厭惡自己、怨恨對方，而中了第四支箭。

從關係的層面來說，第一支箭和第二支箭在生命的各個領域都層出不窮。像是有配偶或另一半的人，仍可能看上其他人或掉入騙財的誘惑之中。然而，即使身處在這樣的情況中，只要避開第二支箭，生命就能找回平衡。

避開第二支箭的方法大同小異。以M的案例來說，要先明確知道自己中了第一支箭，並且老實的承認，這一點十分重要。若沒有發現或拒絕承認事實，會接連中更多的箭。承認中第一支箭以後，要從狀況中走出來，來到眺望整體情況的位置。在脫離當事者成為觀察者以後，就能相對輕鬆的避開第二支箭，因為沒有任何的觀察者會支持欺騙、傷害別人的人。

戰勝完美主義的最佳方法

近年來全世界討論「完美主義」的書籍排山倒海的出現，這說明了很多人因為完美主義而受苦。尤其在 MZ 世代（Millennials and Z 世代的組合）更能發現這個現象，我周遭就有許多這樣的朋友。他們認為小時候被父母要求，年紀大一點時被學校要求，現在則是被公司要求，進而連全世界都在要求自己，讓他們覺得外在對自己有著高度期待，但實際上未必如此。與其說從外在找原因，不如說他們因為高度競爭和被剝奪的機會，不得已而自我壓抑。

「我應該要做到這個程度」的過度意識，會出現在生命的各個面向。自己的工作、人際關係、家庭角色等，他們都會建立極高的標準，之後因為無法達標而感到痛苦。完美主義源自於誤信所有事物都有標準答案，就好比柏拉圖的理想，追求極致的上班族、極致的媽媽、極致的戀人，但一切都是不存在的幻影。

心理學犀利地指出完美主義這個問題，並且主張因完美主義而受苦的人要盡快逃離。然而，如果用幾句話就能輕鬆戰勝，根本就不會有這樣的問題產生。完美主義者很明白，完美主義就是阻擋他們得到幸福的敵人。心理學家要求他們放下完美，追求普通，不覺得很訝異嗎？我們的心，真的有辦法隨心轉換開關嗎？

我在苦惱這個問題時，讀了一篇小說——安德魯．波特（Andrew J.Porter）的短篇小說《光與物質的理論》（*The Theory of Light and Matter*）。愛書的朋友送給我這本書，讓我有了閱讀的契機。拜讀以後，立刻發現這是我讀過最美的小說。用一句話來形容這本小說的美，就是讓我想起自己最想得到，但決定不要擁有的美好事物。

書中物理學教授羅伯特為了讓學生了解物理學的本質，在考試時出了無法解題的方程式。當學生了解到自己永遠都無法理解偉大物理學家的思考時，就能理解根本不可能完美理解光與物質的世界，羅伯特想要告訴學生的就是這個道理。聰明的學生們開始抱怨教授，紛紛放棄考試離開教室時，海瑟仍在寫著錯誤的答案，她成為留到考試結束的唯一學生，因此獲得和羅伯特一起喝茶的機會。兩人極度渴望卻又無法擁有的關係，從這個時刻開始展開。

海瑟是真的愛和她有婚約的柯林，但也無法隱藏對羅伯特的心意。她經常私下與羅伯特見面，也會徹夜親密對談。海瑟和羅伯特彼此渴望，但誰也沒有開口說愛。海瑟愛羅伯特的心意，在她和柯林結婚時，甚至是之後無法見面、及聽聞羅伯特的死訊後，都未曾改變。

即使海瑟深感罪惡，但也明白自己無法解決這個問題。柯林對她來說是很重要的一部分，羅伯特同樣是對她很重要的一部分，她相信在自己心中的某個領域，只有這個人能夠填滿。儘管如此，海瑟始終對柯林隱藏自己的心意，因為她認為若是為了減輕罪惡感而坦誠，是極度自私的行為，這麼做只會讓對方受傷而已。

完美主義者可能會批評海瑟的道德觀，但有多少人能在這個問題中自由呢？不論是愛情或人生，都不可能完美。再美好的關係，都可能有面臨破局的一天，無法預測的突發事件，隨時都可能動搖我們的日常。任何人都可能有無法對他人透漏的祕密，**但只要接納這樣的界線，為他人奉獻最好的自己，即便人生不盡完美，仍然十分美麗**。如同我們無法理解的物理學法則，運用光與物質，創造了這個美好的世界。

我們總認為下定決心擁有的事物創造了我們的人生，但其實我們決定不擁有的事物，同樣造就我們的人生。同是心理學與哲學家的斯溫·布林克曼（Svend Brinkmann）在他的著作《錯過的喜悅》（*The Joy Missing Out*）中描述：「成就我們現在面貌的，就是那些我們決定不做、好不容易放下的事物。」自己決定不做的事情、關係、行為，創造出現在的自己。

了解這個事實以後，終於徹底明白追求完美是多麼無意義的事情，也終於放下要追求正確答案的恐懼。即使用高尚的語言包裝，我們的生命仍舊脫離不了物理學的法則——不盡完美、難以理解的事情，其實比比皆是。

我們能做的，只有接納一切，並且往前進而已。如果發現錯誤，只要改正、調整就好，我們仍是美麗的光與物質中的一部分，記住別停下腳步，務必持續前行。

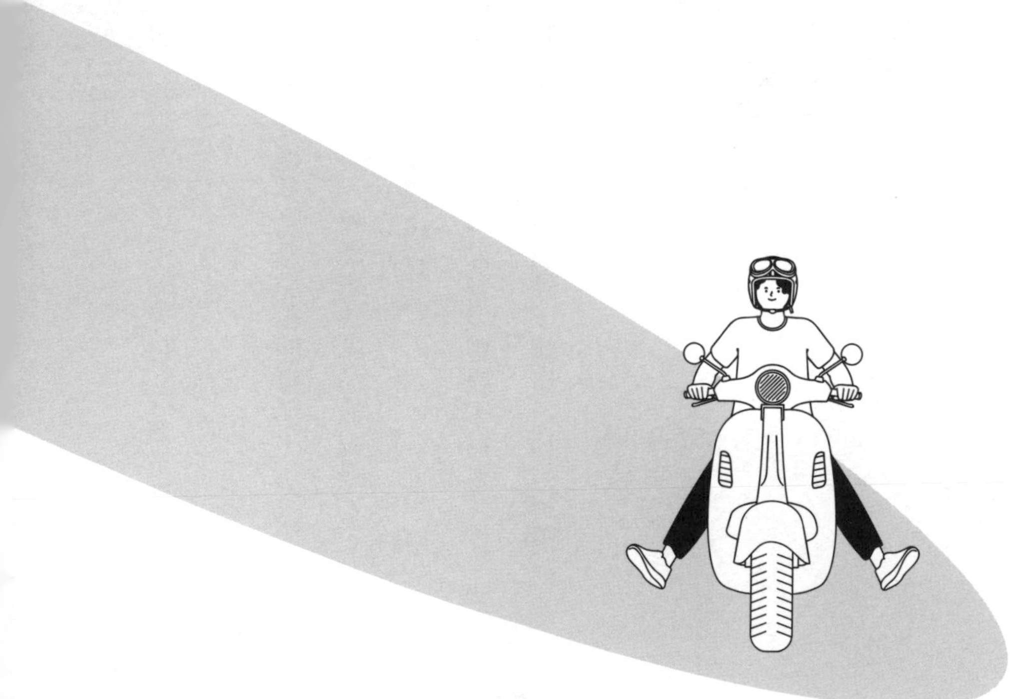

7

要以怎樣的面貌生活？

逃跑其實是用來檢視、調整自己。
如果能有更多的時間和喜歡的自己相處，
就沒有必要逃跑，
假若不是，就要遠走高飛。

☸ 我們無法卸下面具

我從以前就認為心中有很多的自己，不清楚到底哪一個才是真正的我。我會依對象展現不同的面貌，因此覺得自己是沒有自我色彩的人。我畢業於大邱地區的高中，大家都說如果到首爾念大學，一定是我最先改成首爾腔。

實際上確實如此。我在首爾的朋友面前，都是用首爾腔講話（當然並不是很完美）。用親切又溫和的首爾腔講話的我，和用大邱腔講話的我，簡直是兩個不同的人。我只有在使用首爾腔的時候，顯得比較浪漫，我甚至對大邱朋友開玩笑，說用大邱腔根本不知道要如何輕聲細語、說情話。

看著自己對不同的對象展現截然不同的面貌，讓我覺得自己是沒有自我和在意他人眼光的人。卡爾·榮格（Carl Gustav Jung）說，人類為了保護真正的自我，會創造虛假的面貌。這樣的假面又稱為人格面具（persona）。人可能根本不知道自己真正的面貌，面對不同的狀況和人，轉換不同的面具。

理學將實際面貌和假面差異擴大的現象視為警戒。專家建議摘除假面，用原本的自己生活，不必勉強偽裝自己。換言之，即是強調單一個體的存在，但對我來說根本不可能，既沒有任何幫助，更沒有意願遵從。

直到自己年過三十以後，才開始正面看待擁有多重面貌這件事。我領悟到這樣的生活態度，讓自己能夠享受生活與感受愉悅。能依不同對象做不同的自己，代表我活得多采多姿又豐富有趣。千萬別被假面這個說法所欺騙，擁有多種面貌，不代表自己要成為他人。

作家平野啓一郎（Keiichiro Hirano）曾經提出我這個想法的理論根據，以下為他在《何為自我：分人主義》（私とは何か～「個人」から「分人」へ）一書中提出的「分人主義」概念。（所謂『分人』，簡單地說就是應對每個人際關係而有的分化人格。我們在面對父母、戀人、友人、同事、陌生人……時，都帶著不同面貌。不把這些面貌當作表面的偽裝人格，而是當作『真正的自己』而活，就是分人主義的基本概念。）

「個人性」的英文是「individual」，表示無法再分離的個體。我們能隸屬多個團體之中，但個人性是無法再劃分的個體。平野啓一郎將這個概念視為「分人（dividual）」的我，因為就物理上來說，自己沒有辦法再切分，但就個體來說，卻可以無限區分。

這裡重要的並不是分割的事實。我們必須做的，是讓自己有更多的時間處於自己所愛的分人之中。

舉例來說，在心愛的妻子面前，我會成為任何人都不曾見過的我。我會像小狗一樣搖著尾巴、翻著肚子撒嬌，也會手足舞蹈表達自己的情緒。我很喜歡這樣的自己，為了成為這樣的自己，我必須待在妻子的身邊。相反地，在有些人面前，我卻是個既無趣又乏味的人。為了讓自己更正向，我要花更多時間，陪伴在讓自己更喜歡自己的人身旁。以分人的概念思考後，我不再怪罪自己，對於傷痛感到超然，也明白愛自己的方法。平野啓一郎幫助我找到自己喜歡的分人，這個方式更勝於心理學家建議的放下假面，以真正的自我生活。平野啓一郎的認知中沒有所謂的假面，只有其他的自己，也就是各個分人而已。

逃跑其實是用來檢視、調整自己。如果能有更多的時間和喜歡的自己相處，就沒有必要逃跑，假若不是，就要遠走高飛。為了增加與喜歡的自己相處的時間，必須**找出讓自己更好的人、讓自己更有意義的組織、和讓自己更自由的地點，並且鼓起勇氣前往**。

只存在於關係中的我

活成喜歡的自己！活出完整的自我！從分人主義的觀點，可以找出該以怎樣的態度生活，但我們很明白那並不容易。自我的本質，真的是自己可以決定的嗎？

人類十分脆弱，我們只能在關係中找到個人的本質。無法透過他人發掘的自我，等同於不存在。即使我們活得很好，只要關係一消失，我們就感受不到存在感。

人類必然孤獨的原因就在於此。我們應該持續發掘自我，但不如意的狀況更常發生。米蘭・昆德拉（Milan Kundera）的小說《身分》（*Identity*）就是在討論人類的本質問題。

小說中的女主角尚塔爾擁有深愛她的男朋友，但仍然感到孤獨，因為她認為路上的男人不再關注自己。她的男朋友馬克也以其他的方式感受人類本質的薄弱。馬克在海邊散步時，看到了尚塔爾的身影，他非常愉快地上前，近看卻發現那不是尚塔爾。

雖然那是一時的失誤，但馬克確實沒認出自己心愛的女人。他領悟到自己無法分辨心愛的女人和毫無關聯的女人有何不同。相信愛不可取代的他，幾乎無法接受這件事。

然而換個角度思考一下，只要是陷入愛情中的人，都可能將他人誤認為自己心愛的人，因為他們的一切重心都放在對方身上。馬克同樣如此，他在散步時，滿心想著希望能和尚塔爾見面，導致他錯認其他女人為尚塔爾。

尚塔爾因為男人不再關注自己而消沉，馬克能為她做什麼嗎？馬克承諾會讓她開心。他佯裝成其他男人，寫了文情並茂的情書給尚塔爾。結果就如他所想的，尚塔爾恢復了過往的元氣。他所做的，就是讓尚塔爾透過他人發掘自己。然而，尚塔爾卻沒有向他坦承收到了陌生男人的信，反倒將信件藏在內衣下方。馬克為此感到憂鬱，但他在事跡敗露前都未曾停手。

尚塔爾和馬克的行為看起來確實病態，但這樣的心理和行為並非不能理解。因為我們都希望自己愛的人只愛自己，為了自己所愛的人，理當能付出一切。

但重要的是，我們應該接受他人視線中的自己。因為，他人的視線中存在著我們的本質。所以，**想要脫離他人視線的想法，永遠不可能實現。即使宣告：「我就是這樣的人」，也不能突然轉變。**

這樣的覺悟並非意味著失敗。清楚認知自己的本質存在於他人的視線之中，就能明白接下來要做的事。故事中的尚塔爾受不特定對象左右著心情和自尊，這樣的人生不可行。我們只能被自己所愛和對自己有意義的人影響。我們應該專注的，是如何透過那些對我們重要的人，來發掘出自己的本質。

要游牧，還是定居？

過去曾經流行著游牧主義，印象中大約是在二〇〇〇年代初期，我在念大學的時候。我不清楚吉爾．德勒茲（Gilles Deleuze）所說的遊牧主義，是否為資本主義的替代品。不論如何，就我的理解，吉爾．德勒茲將「安居的人生」和「游牧的人生」作對比，並且定義資本主義的核心是「安居的人生」

人類的生活從游牧轉變為農耕後，開始累積糧食與財產。生活在現代化中的我們，人生目標同樣是安穩的安居生活。安穩的工作、安穩的家庭、不用一直搬家的房子。為了能夠安居，我們把大多數的時間都奉獻在念書和工作上，用盡全力生活在資本主義的巨大齒輪下。

游牧的生活對定居的人來說，有諸多不方便之處。尤其大家更不願意讓心愛的子女過上游牧生活。**因為這個原因，讓逃跑的人生超乎想像困難。逃跑，等於為了無法確定的事物，拋下重要的人。**

法國小說家喬治．佩雷克（Georges Perec）的著作《物：60年代紀事》（*Les choses*）描述的就是追求游牧人生和安居人生、追求夢想與挫折的兩位青年的故事。閱讀這部作品，能夠深刻的感受要從兩種生活中擇一而居，其實不如想像中單純。

大學剛畢業、正準備開始就業的傑羅姆和西爾維，懷抱著未來的美好夢想。他們想像未來家中會鋪著地毯、擺放著有品味的家具和新潮的家電產品，隨時和志同道合的朋友們開著派對，分享人生道理！小說的第一部分充滿如此的希望。因為描述他們的夢想，所以以想像的未來開頭，但這樣的未來，卻變成了一場白日夢。因為兩人畢業後僅能從事約聘工作。

他們想要的安穩人生，必須在激烈的競爭中脫穎而出才有機會。此外，他們想要的是悠閒、有品味的人生，而不是競爭、求表現的人生。最終他們放棄了安居的生活，選擇成為遊牧者。他們下定決心離開巴黎，前往突尼西亞的斯法克斯。失敗主義的逃跑，能夠輕易獲得幸福嗎？對他們來說，鄉下的生活鬱悶又無趣。什麼都擁有的巴黎和一無所有的鄉下斯法克斯，雖然是截然不同的地方，卻同樣的不幸福。他們就如同遊牧者般，再次返回巴黎。只是，他們能在巴黎重新找回幸福嗎？

閱讀這部小說時，想起了自己的大學時期。我就如同他們兩個一樣，心中刻畫著未來的美好想像。進入職場之前，我們認為自己擁有無限的可能，沒有哪個人會渴望自己成為領一份薪水的上班族。有的人學習法律，有的人學政治，也有人學新聞、學文學；我們盡情享受電影和音樂，關心運動，也熱中關注演藝圈。安穩的生活、專一的人生，並不屬於當時的我們。

實際上，我們當時想要擁有的人生，沒有安穩的工作和金錢是不可能會實現的，但我們卻說得彷彿自己是偉大的遊牧者。從大學畢業踏入社會的那一刻起，我們的夢想瞬間成為碎片。直到那個時候才發現，自己真正想要的只是一份歸屬感——沒有進入到社會這個巨大的齒輪中，就意味著失敗人生的歸屬感。我這時才明白，傑羅姆和西爾維並不是從巴黎逃到斯法克斯，而是不得已被驅趕。

選擇游牧的人生，並不如想像中容易。沒能選擇的逃跑，並非我們想要的逃跑。那麼安居的人生究竟有什麼希望呢？畢業即失業，即使好不容易找到工作，往往也過不上夢想的人生，只是忙著過名為責任和義務的人生罷了。不僅如此，如果沒辦法放下追求更多金錢和享樂的人生，只會越來越深刻的感受到匱乏。

《物：60年代紀事》就是以這個觀點切入，探討大家真正想過的人生。閱讀主角的人生，並沒有讓我得到太大的安慰，但他們的孤軍奮戰，能幫助我們客觀的審慎自己。除此之外，也引領我思考在「物質」之外，生命真正的幸福為何。我們眼前的現實或許看來殘忍，但也請別轉身無視。我們的人生終究會適當的抗拒「物質」，得到剛剛好的幸福。

☸ 也許生命的主人是時間

結構主義大師雅克・德希達（Jacques Derrida）批判西方哲學的二元對立論

點，認為不應區分優劣。

理性 vs 感性

真實 vs 虛假

實際 vs 假想

秩序 vs 無秩序

善 vs 惡

美麗 vs 醜陋

（……）

因為這樣抽象、形而上的二元對立概念，對我們的生活造成莫大的負面影響。

白vs有色人種
西洋vs東洋
男人vs女人
（……）

德希達推翻了二元對立的結構。然而，要以理論來否定真理的根源、形而上學和偶像崇拜，並不是件簡單的事。因為這個概念和西洋哲學大相逕庭。

德希達使用的核心單字是「差延（différance）」，由「差異」和「延伸」所組成，他用這個概念推翻了哲學的主角——話語（logos）。所有的語言都會隨時間改變，沒有任何例外。以語言述說的哲學，同樣沒辦法維持同樣的結構。

實際上，不論是柏拉圖、笛卡兒或尼采，現在回想起來，他們都有許多讓人難以理解的話。一般的哲學書通常將時代的限制視為詬病，努力想要遮掩，而這樣的現象正是源自於時間的力量。這些偉大的哲學來到時間面前，同樣束手無策，因為時間的流逝創造意義，所以再厲害的哲學仍會式微。

那麼我們的生命有可能轉變嗎？我們總認為自己是人生的主人，但其實主角是時間。在時間面前，人類的意念、主觀的選擇都派不上用場。戀人再怎麼熱烈相愛，都不可能做永遠的承諾，只能在此時此刻用盡全力去愛。

認同時間之力的人十分謙虛，遠比相信神、相信命運的人還要謙虛。理解時間之力的人，他們不僅隨時能夠改變自己的想法和情緒，也明白他人的想法和情緒同樣能改變。**理解這一點後，即使愛情變質，也不會怪罪自己或對方。換句話說，明白時間之力的人，並不會追究「你怎麼能這樣？」**。

哈金的小說《等待》在講的就是時間的力量。故事中充分展現在時間面前，人類的意念和人類的愛多麼微不足道。這篇故事的結構很簡單，軍醫孔林在沒有感情基礎的狀況下，和善良但不美麗的鄉下女孩淑玉結婚，後來在軍隊中遇到擔任護士的曼娜。孔林為了和淑玉離婚與曼娜結婚，努力了十八年，最終得以實現願望。孔林和曼娜等待離婚等了十八年，淑玉則是十八年間都在等待丈夫的回心轉意。然而，他們如此渴望的結婚實現了，孔林卻過得不幸福。孔林在和曼娜結婚不久，就開始思考著要回到淑玉的身邊。因為他發現自己需要的並不是熱烈的愛情，而是讓心安定的棲息地。

時間，開了多麼可怕而悲傷的玩笑。十八年來都在等待離婚的他，竟然想要回到前妻身旁。透過這個故事的反轉，讓我們窺探了「等待」與真實生命間的關係。時間終究看透了主人公。

這完全不同於失敗者吶喊「反正我們人類本來就無能為力」，更非冷嘲熱諷生命。若要說明，更接近於「既然無法猜透時間，只能踏上必經之途」的領悟。

詩人羅伯特・佛洛斯特（Robert Frost）說「入睡之前還有數哩路要走（And miles to go before I sleep）」、詩人朴木月說「雲朵如同月亮般前行」，不都是同樣的領悟嗎？以這個觀點而言，這篇故事中的勝者是淑玉。她默默做自己該做的事，度過漫長歲月，十八年來對自己沒有半點愛情之意的丈夫，最後終於回心轉意。

在我做事不如意或無法擁有心中所想時，帶我超越的就是時間。「並不是我不好，只是對方還沒有足夠的時間接納我」這樣的思考能讓我謙虛的接受現況，而不至於受到任何的傷害。我只要做自己現在該做的事，就能毫不動搖地走在自己的道路上。

人生不如自己所想的情況其實很多，有時候時間會站在自己的這一方，只要深切渴望、慢慢等待，就能實現願望。在時間面前，任誰也無法說大話，時間擁有讓所有人完全改變的強大力量。

不助長反派角色的力量

反派角色（antagonost）指的是妨礙主角的人。《悲慘世界》（*Les Misérables*）的男主角尚萬強和殘忍的警察賈維、《哈姆雷特》（*Hamlet*）的主角哈姆雷特和殺死他父親的叔父克勞迪皆是。主角經歷的苦難愈多，實現願望的過程愈困難，故事愈顯得津津有味，因此反派角色的重要度不亞於主角。

當然，現代小說中未必存在如此醒目的反派角色。在英國教指導小說寫作的柯林．布爾曼（Colin Luther Powell），重新詮釋了反派角色的意義。他說反派角色並不是和主角對立的特定人物，如同《麥田捕手》（*The Catcher in the Rye*）一般，有可能是所有世人，又或如菲利普．羅斯的《報應》，可能為自我的良心。

有趣的是，主角的意念愈強烈，反派角色的力量也會愈強大。尚萬強如果沒有逃跑，賈維就沒有理由要追趕他。霍爾頓將這個世界視為虛假、偽善與庸俗，決心和這厭惡的世界奮戰，最終失敗收場。另一方面，當加害者的力量愈強大，反向的力道也隨之增強，如同物理學的作用力與反作用力。所有的小說中都少不了失敗，小說中的失敗有時候看來浪漫，有時候更像英雄行為。因為這個原因，有時候我們會投入其中，彷彿自己就是主角，但更精準地說，其實是因為我們並非小說中的人物，所以才能放心享受失敗的故事。

活在現實生活中的我們，沒辦法像小說中的人物一樣追求浪漫的失敗。不，或者說失敗已是常態，即使失敗，我們仍要繼續生活。我們要避免助長反派角色的力量，方法其實很簡單。如同前面所敘述的，問題來自於深切的渴望。只要降低對於事物的渴望，反派角色就沒有辦法施力。我們不必像自我成長書籍裡所說的深切盼望一樣，只要靜靜做自己該做的事，很多問題就會迎刃而解。

無論我們做什麼事，必然會伴隨阻擋的力量。前進的力量愈大，阻擋的力量就愈強。父母反對的婚姻，會讓兩個人的關係更緊密；想要快速致富而盲目投資，結果必將大失所望；運動選手同樣如此，若想快速進步，可能導致正確性下降，抑或錯過時機，嚴重的話更可能受傷。我們為了達成心中願望，投入十足的精力，若沒有成功，我們的精力勢必成為阻擋自己的反作用力。仔細想想，你是否也曾因為自己過度索求而一事無成？

即將結束三年半的組長職涯時，我不知不覺的急躁了起來。其實我只要擔心自己就好了，其他一切都可以交給接手的同仁，但我卻擔憂著自己離開以後，留下來的同事可能會面臨的問題。焦燥的我，變本加厲的催促大家，令即將接手位置的同仁如臨大敵，他只要稍微犯個小錯誤，就會被我責備和追究。當時我認為這樣的行為不是為自己，而是為了他和整個團隊，殊不知這樣的行為對其他人沒有任何幫助，只是出自自己的野心而已。我錯用了自己的精力，助長了反作用力，那位同仁甚至沒辦法好好表達對我的不滿，獨自承受著痛苦，甚至萌生離職的想法。

幸虧我察覺到自己的失誤，真心對他道歉，並且分享自己真實的想法，乞求他的原諒。只要放下自己的慾望，所有的事情就會回歸正常，反作用力也會消失，找回原本的平衡。變得緊張不已的辦公室氣氛，總算恢復原本的活力。

世界上的事情，絕對不會如自己所願。**我不懂宇宙是否存在運氣，或許我周遭的運氣，也必須和宇宙的運氣調和。唯有如此，我們才不會被比自己還要強大的反派角色吞噬。**深切渴望、不顧危險去挑戰、歷經激烈爭戰後失敗的小說主角，終究是少數。我的人生不必如此豐富精彩，只要能成為自己喜歡的自己、做自己想做的事、和喜歡的人交往、成為時間的主人，一切就足矣。

如果有想要的事物，切記勿過度渴望！不要助長反派的力量，只做自己能做的事吧！相信時間的力量，並且耐心等待！如果我的人生成為沒有任何人想要閱讀的無聊小說，那就代表我已經活出自己喜歡的樣子了。

8

從自己進化到為了他人冒險

假裝並不會改變什麼。
想要改變，必須先徹底了解。
如果困在自己的世界中、只看自己想看的部分，
要如何擺脫假裝呢？
至少要了解不熟悉的事、不認識的人，
才能備妥改變自己的契機。

☸ 休息一個月的領悟

二〇一五年秋天，我離開了工作六年的公司，前往濟州島。這六年來我在穩定成長的公司，做著安穩的工作，上司也挽留我，但我沒有一丁點猶豫。我很愛我的工作，也會害怕自己找不到更好的工作，但我仍然果斷決定離開公司。

再怎麼計算，都覺得自己頂多只能休息一個月。我是一家之主，也是唯一的經濟來源，家裡還有太太和兒子。若是兩個月沒有薪水進來，恐怕會開始鬧革命。好不容易爭取到一個月休息，覺得應該過得有意義些。因為平常待在家的時間總是過得特別快，所以那時候心想不管哪裡都好，應該要出去旅行一下。我們最先想到的，就是離家遙遠的濟州島。於是，一家三口決定挑戰到濟州島生活一個月。

為什麼那時候的我，會那麼想離開待得很好的公司呢？當時過著朝九晚五的生活，幾乎不用加班，工作強度也不會過高，更沒有討人厭的同事，而且公司給的年薪和福利對我來說，更是十分滿意的水準。

當時很多前輩和同事詢問我為什麼要離職，我回答每個人的答案都不一樣。我分別說了每個人想聽的答案，每個答案都有一部分虛假，也有一部分真實。現在回想起來，終於明白了真正的原因。我沒有辦法忍受的，其實是倦怠。

再也學不到東西的感覺、停止成長的感覺、彷彿再也無法進步的感覺，支配了當時的我。我很喜歡公司，但對當時的自己不滿意。倦怠持續了好一陣子，讓我萌生念頭去找能刺激我成長的組織。因為覺得絕對不能這樣困住自己、因為覺得心裡滿是不安，所以決定離開公司。

當然，當時滿心期待的美好假期，沒有放太多心思在一個月過後的去處。不管是什麼原因，當時的我確實覺得疲倦，渴望能重新充電。我想要到只有家人認識我的濟州島，盡情享受海風、散步、讀書和寫作。

當時妻子因為育兒疲憊不堪，和我一樣需要休息，所以我們兩個決定過個有時間可以獨處的假期。我們兩人都有三分之一的獨處時間，那段時間就由另一人來負責照顧孩子，剩下的三分之一時間，是我們一家三口一起相處的時光。所有的時光對我來說，都是獨一無二的幸福。幸虧決定逃離公司，爭取了一個月的休假，讓我能夠好好扮演父親和丈夫的角色，也獲得獨處的時間，完成了許多未竟之事。

儘管一個月的時間並不長，但我成功地從倦怠與被消耗殆盡的感覺中恢復。這並不是不上班、不做事情就能辦到的。**要克服倦怠，需要新的思維。雖然很短暫，但我做了不一樣的自己**。我和妻子與孩子的關係改變了、相處的模式改變了、我腦中苦思與專注的對象也改變了。新的環境創造新的思維，新的思維成就新的我。

仔細想想，開始工作之前不曾遇過倦怠。學生時期每年都會遇到新同學、結交新朋友，而且國、高中讀完三年就會畢業，畢業後便前往新學校。大學時期的人際關係相對更複雜而多元，有的人中間會休學，有的人中途去當兵，有些同學專注於自己的系上，有些則專注在社團。同樣的是，大家對於未來既期待又害怕。

對比下來，職場生活真的較為單調。三年的時間可以完全熟悉工作、熟悉同事，更能找到工作的要領。五年過去，會誤以為自己再也學不到東西了，也會明白看似厲害的上司也並非無所不能。工作愈來愈上手後，開始有一兩件自己想負責的案子，但仍和過去業務沒什麼大不同。時間久了以後，終究會感到倦怠。

一個月的濟州島生活，帶我走出了職場倦怠，也讓我有機會更深入思考逃跑的本質。我並不是因為覺得辛苦而逃跑，我有更渴望的原因。實際逃跑以後，我更明白原因為何。難道感到倦怠，就要逃跑嗎？難道要一輩子逃跑嗎？也許你會有這樣的疑問，也許確實如此，唯一能確定的是，你不必現在就開始擔心。

☸ 專注於他人訴求的生命

第五章提到人生非痛苦即倦怠。大家會因為痛苦而逃跑，同樣也會為了倦怠而逃。法國形而上學之父伊曼紐爾·列維納斯（Emmanuel Levinas）也同樣提出這個觀點。**我們永遠都是獨立的存在，因此我們無法不對自己產生反感，如此「自我」和「自己」的衝突，往往就是倦怠的原因。**

既然如此，我們要如何擺脫自己呢？列維納斯提出了三種可能性，並分別指出三種的限制。

首先是參與，強烈的歸屬感能夠忘卻自我。我們為國家足球隊加油時、為特定政黨或政治人物慶祝選舉勝利時，強烈的熱愛之心會讓我們放下自我。以大型選舉或奧運等大事件來思考，就能理解這個概念。然而，凡是參與特定集團，必然會排除不屬於其中的他者，終究會走上極權主義。

第二是擁有，簡單來說就是完全投入的狀態。享用極度美味的食物時、看有趣的電影時、和愛人一起度過幸福的時光時，我們能完全忘卻自我。當然，這樣的經驗都只是短暫的。我們只是暫時脫離自我，過一陣子就會恢復意識。

第三個是死亡，但死亡無法體驗。幫助脫離自我的參與、擁有、死亡都有各自的限制，因此和我們要找尋的答案相去甚遠。還有其他的方法嗎？列維納斯另外提出了「出生」和「他人」兩個方式。

有人這麼說，人類讓新生命誕生的行為和神相似。我們生的孩子，是從我出發的他人，即使我離開世界，孩子仍會留下來繼續參與未來的世界。簡言之，我們的孩子可以說是從自己衍生出的我。

第二個替代方式是「他人」，這也是列維納斯最為強調的概念。他人是我們絕對無法理解的對象，但總是會呼喚著我們。回應他人呼喚的方式，隱藏著讓我們逃離自我的線索。此外，也可以用利他性與倫理性來表達。為了和自己沒有任何關聯的他人、為了他人而做某個行為，將可能讓我們脫離自我。

忘卻自我，專注於他人。現在就著手為無數的他人而奉獻，將來即使自己不在，仍對他人有益。這樣的人生，將能斷絕「自我」和「自己」的衝突，讓倦怠無法趁虛而入。

真的有可能專注於他人的生命嗎？當然，我們會憐憫沒有一面之緣的陌生人的痛苦，甚至跟著流淚。但其實我們會花更多的時間專注於自己的慾望和意念。為了戰勝自己的倦怠，必須慢慢地脫離自我，並且避免自我囚禁。

專注於他人的生命，絕不會輕易地被允許。即使是帶著覺悟下定決心的人，也經常面臨失敗與挫折。李昌來（Chang-Rae Lee）的小說《姿態人生》（*A Gesture Life*）中的主角法蘭克林．旗是七十多歲的退休人士，曾擔任二次世界大戰管理韓國慰安婦的日本軍醫，至今他仍帶著當時經歷的傷痛。

當時他深愛名為K的慰安婦，並且下定決心要守護她，但終究無法實現。對法蘭克林來說，也許這僅只是一段心痛的愛，但對K來說，法蘭克林不過是個親切、語言相通的加害者而已。法蘭克林說自己對戰爭一無所知，雖然這是他對年幼行為的辯解，但即使這麼說，仍然無法平復自己心中的罪惡感。

擔任軍醫時期的他和K的渴望，都沒能得到回應。他心中的罪惡感，讓自己一輩子都活在贖罪之中。他這麼做，一切都是為了脫離過去的自己。法蘭克林在韓國領養了一個女兒，並且努力扮演好父親的角色，但女兒卻感受不到他的愛。他很晚才找到自己的愛人，但他們的關係卻以相同的模式重演。他的生命總是「專注於他人的訴求」，但很遺憾地，對他真正認為重要的人來說，卻沒有任何作用。

法蘭克林並不是壞人，他也是戰爭的受害者。他做著自己不想做的工作，也無法守護自己心愛的女人。戰爭結束後，他努力扮演好父親、好鄰居和一個好人的角色。他的努力，沒有人能輕易否定。努力為了他人而活，是他贖罪的一種方式，但即使如此，卻不可能贖罪。他的生命，終究無法被自己原諒。

歷史終究不會遺漏任何人。任何人都可能犯罪，即使心存善念。當然，不必特別怪罪於歷史。在軍中、在學校、在公司，都會經歷大小不同的倫理測試。生命十分脆弱，也許我們的生命都如同法蘭克林般，各自過著「虛假的人生」。也許我們的生命充斥著假裝為了他人、假裝感同身受他人的痛苦、假裝為世界付出。

假裝並不會改變什麼。想要改變，必須透過徹底的了解。如果困在自己的世界中只看自己想看的部分，要如何擺脫假裝呢？至少要了解不熟悉的事、不認識的人，才能備妥改變自己的契機。

我曾經在一本自我成長的書籍中讀到「如果得到從來沒想過的建議，就無條件接受吧」，過去的我無法接受這個想法。沒有嘗試過、假裝的態度，沒有辦法說服過去的我脫離自我。

當然，理解和感受他人更是困難。即使困難，也不要這麼放手，為了他人再往前多跨出一步，更用心地傾聽看看吧。此時此刻，一定也有人為了我們而這麼做。有的人認為他人的視線如同地獄，但仔細想想，不就是因為沒有好好正視對方和了解對方之故？

或許一切的線索，就存在於他人的視線之中。他人的臉和眼神，能拯救我們、幫助我們逃離自我的地獄。

☸ 歷經我不曾經驗之事的人

英國歷史哲學家西奧多．澤爾丁（Theodore Zeldin CBE）在《如果生活背叛了我們，我們還擁有什麼？》（*The Hidden Pleasures of Life*）一書中，提出了重要的人生方式。

我一刻也不安於現狀，唯有如此，關於自我真正熱情與才能的疑問，才不會找上門。我的目標，僅只是品嘗人生片刻經驗。假若無法親自體驗，我希望能聆聽曾經前往我無法到達之處的人分享，盡情想像。即使無法體驗所有的選擇，我也不會挫折，遇上遙不可及、不合口味的事物也無妨，不如仔細挖掘他人的經驗。

說得誇張一些，我認為這段話提及了所有人生真正重要的事。我們家鄉外面有什麼、海的另一側有什麼、天空上有什麼，我們都很明白，但這個世代的人，已經不關注外面的世界，也不出發冒險了。大家不懂的只有自己而已，因此人人都專注於找尋自我。所有的媒體都主張，我們應該要了解自己、明白自己的夢想、知道自己喜歡什麼、擅長做什麼，以及認同的價值。

然而就如同澤爾丁所言，關於自己的疑問，才是對自我的折磨。關於自我的解答，絕對不存在於心中，重要的一切都在外面。我們必須要去體驗，如果沒辦法親自體驗，就傾耳聆聽他人的經驗。我們世代最偉大的冒險，莫過於發掘他人。

這麼一個念頭，改變了一切。對踏上發掘他人冒險之途的人來說，他人再也不是為了達成目的的棋子，更不是為了相愛、為了互相幫忙倒酒、為了商務往來、為了對自己的生命有任何利益而存在。**他人，提供了我無法體驗的人生。每每遇到一個人，我們都能發掘新世界，幫助我們慢慢脫離自己的人生。**

詩人鄭玄宗在《訪客》中也提到，一個人前來，是件了不起的事，代表他的過去、現在和未來一同前來，也代表他的一生。實際上，我們遇到不同的人，自己的世界和自我主體都會改變。發掘新朋友的面貌，必然能讓自己多少改變，這就是他人和自我的相互影響力。

喬納斯．喬納森（Jonas Jonasson）的小說《爬出窗外消失的百歲老人》（*Hundreåringen som klatret ut gjennom vinduet og forsvant*）裡的阿朗．卡爾森也是以同樣的精神，一輩子作為偉大的冒險家。面對新世界和陌生路線的好奇心，讓他沒辦法在同樣的地方多停留一刻。他從小就對製造炸彈極感興趣，一個人不斷嘗試，最終進入了製造炸彈的公司，成為炸彈專家，人生正要開始。

阿朗只要一有機會，便毫不猶豫探索其他世界。最初他離開公司，前往左派人民軍陣營擔任炸彈專家，後來偶然救了佛朗哥的生命，加入右派法西斯陣營。之後，對美國核武開發作出重要的貢獻。另一方面，他也前往蘇聯參與史達林的宴會。他曾因和佛朗哥交好的關係，被抓至海參威服刑，賭上生命逃出後，在韓國戰爭爆發時待在平壤，並和金日成、金正日會面。除此之外，他也前往中國、印尼、伊朗、法國等地，行程不曾間斷。

他登場於現代史的每個關鍵時刻，生命的苦難接二連三，但他樂觀的態度和對世界的好奇心，總是帶領他的生命前行。因為這個原因，讓他在一百歲生日時，爬出養老院的窗外逃跑，繼續和陌生人結交朋友，開始新的冒險。

阿朗從來不曾因為自己的目標而犧牲生命，他的母親耳提面命的說：「凡事都只是一件事，不論未來還會發生什麼，那都只是一件事。」這句話就如同他的座右銘般，將凡事視為一件事情的人，即使遇上困難也只會接受不會抱怨；需要接收新經驗、前往冒險時，也不會畏懼。這樣的人並不會老，阿朗不論幾歲，只要有需要也會毫不猶豫的開始學外語。他用這樣的態度活了一輩子，他的一百年人生，就如同探索未知物的幸運箱，沒有任何枯燥片段。

我的想法和他一樣，但我的年紀愈大，不僅朋友漸漸的變少，新朋友也不多。別說冒險，我根本害怕放下一切，只過著一如往常的生活，讓生命慢慢失去樂趣，讓自己過著孤立的人生。

當然，冒險不一定僅限於人際關係，學習新事物同樣有價值。學習、體驗不曾經歷的世界，也是一種冒險。如果你有被自己囚禁的感覺，不妨先打開窗吧！去書店或者圖書館都好，去拿一本書閱讀。如果你好奇昨天看的歷史劇的時代，可以翻翻歷史書籍；如果你好奇男女朋友的心思，不妨翻翻心理書；如果你有一天想前往西班牙旅行，學習一下西班牙語，也是不錯的選擇。

除此之外，你也可以挑戰學習陌生的作曲或是股票投資，體驗陌生領域時，我們不會知道有些什麼事情正在等待我們。但是可以確定的是，我們的人生會因此更豐富一些、更有趣一些，自己也會脫離自我一些，我們的倦怠將會減少一些。

因貢獻自我而存在

以前公司的老闆常跟大家說，只有對他人或對世界有貢獻的人，才是交出了成果。而這句話，其實出自經營學之父彼得．杜拉克（Peter Ferdinand Drucker）。

據說彼得．杜拉克的老師經濟學者約瑟夫．熊彼得（Joseph Schumpeter）說，他很後悔自己直到臨死前都沒有為社會做太多貢獻。彼得．杜拉克深受他的感染，將「如何貢獻」視為人生最大課題。他也認為，唯有深入思考這個問題的人，才能在工作上做出成果。

試著思考看看，如果一個人從小沒錢，總是餓肚子，那麼，他會因得不到而擁有自卑感。這樣的自卑感，即使他日後成功、豐衣足食，也不會消逝。唯有他苦思如何為世界上的人貢獻，讓大家都能飽足，他的自卑感才能被化解。會找尋這樣的問題與解答之人，也會全力投入他的工作，他的力量會伴隨著成果。

我們一般認為欲望強烈、自私、專注於自己優點的人，比較能拿出工作成果，但實際上並非如此。只思考自己和思考家人的人，身處不可比擬的兩個等級，思考家人的人和思考整體公司的人，同樣為不同層次的等級。想要貢獻的範圍愈廣，就要拿出更大的成果，思考和行為也必須更上一層。

所以要先理解自己的自卑情緒，並且努力幫助有相似自卑情緒的人解決問題。對於僅求自我生存的企業家來說，一人份的飯碗就已足夠，但想對整個世界有所貢獻的企業家來說，一百人份的飯碗都不足夠。飯碗就好比各種大小的成果。

彼得·杜拉克的思維來自於他的老師熊彼得，而熊彼得的思維或許是來自於大他十三歲的心理學家阿爾弗雷德·阿德勒（Alfred Adler）。《被討厭的勇氣》一書中所強調的阿德勒的中心思想，即是所謂的共同體的感覺。阿德勒心理學最重要的教誨，就是將對自己的執著轉化為對他人的關心。共同體不侷限於家人、宗教、職場、國家等小團體，可以是更抽象、更大而普遍的共同體。

站在每個不同的位置所感受到的共同體天差地遠，但或許最先是要放下對自己的執著。若將自己視為人生的主角，因為一句話而陷入自我主義或自我陶醉，不僅難以得到自己的冀求，存在的價值更是低微。

因此，逃離自己的我們，要前往的地方是他人。他人的存在和自我的存在同樣具有價值，我們必須為了守護有價值的對象而貢獻。唯有如此，我們才能擁有活著的存在感，擁有真正的自我。困在自己的問題之中或執著他人對自己評價的人，不可能維持健康的自我。

對他人生命貢獻的想法，不受時間和空間限制，而且會永無止盡地流傳。在這篇文章中，就能發現這樣的循環「阿德勒→熊彼得→杜拉克→老闆→我」。這個連結並不是單純的玩笑，更不是抽象的語言羅列。

老闆的自卑在於出版界。出版身為民主化的先驅，但他們困在英雄主義之中，漸漸失去和大眾溝通的本質。不僅如此，他們疏於提攜出版業後輩，也以出版無法致富為由，拒絕和職員共享利益。

老闆創業時，下定決心要創立一間能夠克服他對出版業自卑的公司。他構想的出版社以商業模式出發，同時投資教育與人才養成，並且會和員工分享公司的收益。既有的出版社為了競爭國內外的知名作者，爭先恐後支付高額版稅。老闆打造出獨特的商業模式，分享自己的經驗和訣竅，帶領大家做出成果，讓公司快速成長。既有的出版社批評他太過注重成果與收益，但若沒有要貢獻他人與社會的意念，根本不可能達成這樣的成果。實際上，老闆確實培育了多位出版社的領導人，為出版業帶來莫大貢獻。

我下定決心創業，並且實際執行，也是托老闆的福。不知道各位是否相信，我帶領團隊時，思考的並不是自己。我希望能提高公司的收益，為公司成長和員工帶來貢獻，也希望信任我的組員們能得到更多的鼓勵。最重要的是，我不期待出版業前輩認同我們的書「看起來像樣」，而是希望對讀者有實質性的幫助。我和老闆一樣，懷抱希望對他人和世界有所貢獻的心努力做出成果，最後，我終於拿出勇氣自己成立出版社。

提出創新個人心理學的阿德勒和十分強調成果的彼得．杜拉克，他們兩位並不是各自講述不同的故事。看似自私與充滿野心的成果至上主義與為了他人而貢獻的共同體感覺，並非彼此不著邊際。所以，兩者都要把對自己的執著轉換為對他人的關心時，才能得以實現。儘管逃離自己，走向他人吧。別在意自己在世人中的目光，好好思考如何對世界做出貢獻吧。我們做出的貢獻，會對我們的人生產生意義。在現代社會，有什麼比有意義的人生還重要呢？

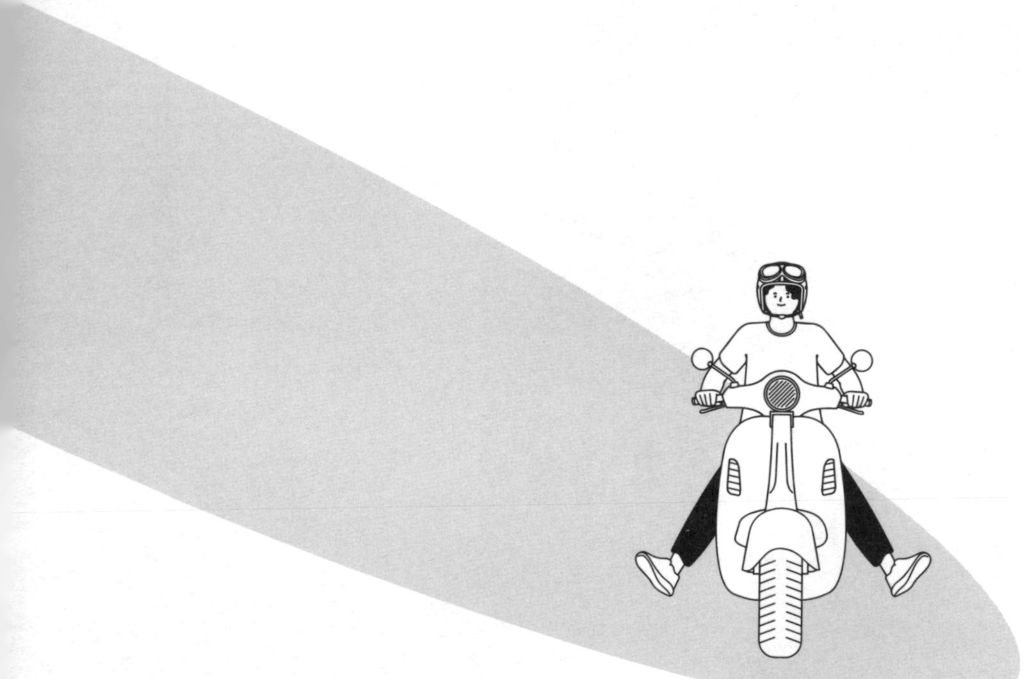

9

為了捍衛
生命的尊嚴

人生中，很多事情的重要性大過於金錢，
但對錢的執著，
卻無所不及的影響我們的人生。
因此，我們要努力
在金錢面前保持理智。
能否維護生命尊嚴的關鍵，
就在於這個問題。

☸ Stupid, it's money!（笨蛋，這是錢！）

兼任詩人、評論家與小說家的金八峰（本名金基鎮），為一九二〇年代社會主義文學運動「KAPF（卡普）」的主導人物。他自日本留學開始，就對階級問題和勞動問題感興趣，並且希望透過文學作品來傳達。他的作品深受認可，出道一年便成為明星作家。

他在文壇中竄起，但其實他做的事無法為他獲取利益。婚後他也居無定所，到處漂泊，最終妻子受不了，逃回娘家。他計畫先和妻子分開，直到他賺錢、能穩定生活為止，不過這個計畫並沒有期限。最終他成為報社記者，開始領固定工資。從這個時刻開始，他陷入人生的困境。他在文學作品中批評資本主義，但在實際生活中，他為了錢什麼事都做。

記者工作、創立沙丁魚工廠、挖礦、創立雜誌社與印刷廠、投資股市等等，他接觸的領域超乎想像的多元。若以現在的概念來說，好比口罩熱門就創立口罩工廠、比特幣夯就買比特幣、股市崛起就投資股市。全峯寬教授在他的著作《樂喜京城》中，這麼分析他的生活。

白面書生金基鎮挖礦並非因為窮困，而是出自空虛。在資本主義社會中，文學界或報社給予的權利和名譽太過微不足道。無論如何批判與揶揄，社會也不會因此改變。愈是批判資本主義社會，愈會讓自己的內心更加動搖。

然而，他的挑戰大都失敗。雖然一開始能賺不少錢，但僅此而已，最終總是失敗收場。他的生活不至於貧困，但始終無法達成心中的榮華富貴。他在光復之前選擇親日，光復以後又反共。曾經如此熱愛文學的社會主義者，在事業與投資失利後，終究成為親日派與反共主義者。

從大學時期開始，金八峰的人生對我來說就好比「神預言」。我同樣熱愛文學、喜歡寫作，我也對資本主義抱持反感，只要一鬆懈下來，我就擔心自己成為假裝高尚、追逐金錢之人。幸虧在三十歲之前，我撐過來了，我追求興趣更勝於金錢。我畢業後進入出版社工作，後來更減薪轉換公司，去做我更想做的書。

偶爾，我會想起二〇一一年未堂文學賞的頒獎典禮。當時的獲獎者詩人李永光以「我不來地球賺錢」作為得獎感言收尾。我覺得十分帥氣，心底深受感動。當時的我是正值二十八歲的青年，比我大九歲的主管看著我，彷彿感到一陣心寒。十年後的今天，我已經比當年的主管年紀還要大了。

其實在更早之前，我就已經實現了神預言。莫約三十歲時，我聽著歌手金光石的〈三十歲之際〉時，突然有了領悟。**三十歲的惆悵並非來自於年紀，而是金錢。即使可以用其他方式附加說明，問題本質終究是金錢。**

對這個年紀來說，金錢更重要，也更需要。過了三十歲之後，我不和資本主義奮戰，而是嘗試讓資本主義成為自己的後盾。「文學界或報社給予的權利和名譽太過微不足道」這句話所言為何，我終於能夠深刻領悟，最後我明白了——維護生命的尊嚴終究取決於和金錢的關係。

在金錢面前保持理性

了解資本主義的齒輪，並且在齒輪中生活，這個過程超乎想像地有趣。除此之外，我的擔憂也都符合資本主義。轉換工作時，我的第一考量變成了薪水。這和我小時候的想像不同，並不是數字多寡的問題。而是我認為給予更多金錢的地方，代表他們更需要我，需要我的地方，意味著將會有更多的機會。機會愈多的職場，工作起來更愉悅，也更能交出成果。

挑選房子也是同樣的道理。房子並不只是用來居住，房子是裝著巨大現金的碗。房價不漲，現金價值即跌。在網路發達、資訊透明的世界中，房價的差異逐漸浮上檯面。住著他人喜歡的房子，才能符合賺錢遊戲。對於無房者而言，可以用認購或承租的方式參與；對於多房者來說，可以運用槓桿、租賃、節稅等方式參與遊戲。我同樣用著適合自己的方式，參與了這場遊戲。了解金錢的力量、金錢在生命中的重要性後，我無法做其他選擇。

來談談出版界吧！我負責的成人單行本出版部，大致分成價值出版與商業出版。簡單來說，價值出版就是出版有價值的書。即使閱讀的人少、即使不是讀者想讀的書，只要對世界有價值都能夠出版。教授和學者的著作大多歸類於此，主要銷售給學生，不太在意一般銷售量。這類的編輯對於銷售相對自由，競爭也較低，工作穩定，員工彼此的薪資差異不大。

另一方面，商業出版最重要的就是銷售。編輯企劃和製作了什麼書，決定了他們在公司的命運。負責愈多暢銷書的編輯，在公司得到的待遇愈好。因為銷售數字最為優先，所以只要有銷售成績，就不用討好任何人，也不會被主管刁難，更不必加班工作。當然，如果沒有交出銷售成績，便很難安穩工作。這類的編輯，工作競爭激烈不穩定，不僅員工間的薪資差異大，獎金也不相同。因此，會伴隨著心理的壓力和被剝奪感。

因為這些因素，即使做著一樣流程的工作，卻會抱持完全不同的思考模式。我們必須依循自己的喜好和價值觀做正確的選擇，如果發現走在錯誤的道路上，必須要懂得逃跑。我在遇到需抉擇時，都會選擇商業性出版，因為覺得更有機會賺錢。若以機會的公平性而論，結果同樣如此。我認為相較於評論家或專家的肯定，讓大眾來評價更公正。**與其滿足部分知識分子的虛榮心，解決一般大眾的問題對我來說更具意義**。

我不希望因為自己的選擇和判斷被貼標籤，也不願意找理由強行包裝。這些選擇不過是當時的我，所下的合理判斷而已。如同前一章所述，如果結果如自己所想，不僅只對我自己，對整個社會都將有所貢獻。

只要做出成果，我的自由範圍將會擴大，我的判斷和發言也會更具力量。公司的整體氛圍變好，組織成員就不會害怕失敗，且不會執著於短期的成果，反而能建立長期的計畫，也能花更多心力提拔人才。但，若是成果不好的話呢？簡單來說，一切都會往相反的方向發展。大家為了求生存，將會忽略很多事物。

因為出版業不需要大量技術與資本，因此和其他行業相比，遊戲的方式更為公平。我並不期待不勞而獲的成果與金錢，我只想做大眾喜歡的書，為公司帶來成長，只求付出的努力與賺取的金錢能達到平衡，我始終帶著這樣的信念一路走來。

我在前面也稍微提過，自己並不只靠勞力賺取金錢。資本主義中的生產三要素不就是土地、勞動與資本嗎？了解資本主義的運作方式，就能明白不能僅靠勞動生存，也必須要善用土地與資本。即使沒有多少錢，只要稍微讀點書，就能做很多不同的嘗試。在資本主義社會中，除了以勞動者的身分生存外，也應該成為投資者。

我抱持這樣的心情開始投資股市，追求最大的合理利潤，在其中創造自我的模式，不求僥倖也不碰不熟悉的商品，並且努力的維持。。我很明白即使運氣好賺了點錢，仍很容易再度失去，甚至失去更多。

如果目標是保守與安全，股市與不動產並不困難，也不危險。關鍵在於自己訂下的遊戲規則是否能夠堅守。稍微不小心，對金錢的慾望將會左右我們的判斷。遇到這樣的狀況，不妨閱讀寇特．馮內果（Kurt Vonnegut）的小說《上帝保佑你，羅斯瓦特先生》（*God Bless You, Mr. Rosewater*）。

故事的背景在一九六〇年代的美國，羅斯瓦特家在南北戰爭時從事武器買賣，賺取大量金錢，最終家族的地位甚至能進入政治圈。羅斯瓦特是家族的異類，做了各種與眾不同的事，他為失去工作的人諮商、成為他們的朋友，甚至和他們分享自己的財產。世界很難容忍像羅斯瓦特這樣的人。惡劣律師姆沙利誣陷羅斯瓦特為精神病患者，覬覦他的財產。由於羅斯瓦特沒有孩子，所以只要證明他是精神病患者，他的財產就會由遠房親戚費雷德繼承。然而，羅斯瓦特將家鄉的孩子都當作自己的兒子、女兒，並且賦予他們繼承權，反將了姆沙利一軍。這個故事打破了金錢至上的時代運行，帶來至深的幽默與感動。

人類的故事少不了金錢，就如同蜂蜜的故事少不了蜜。

這是小說的第一段話。寇特·馮內果果然了解人生。人生中，很多事情的重要性大過於金錢，但對錢的執著，卻無所不及的影響我們的人生。因此，我們要努力在金錢面前保持理智。能否維護生命尊嚴的關鍵，就在於這個問題。

工作與金錢讓我們保有自主性

出版《里斯本夜車》（*Nachtzug nach Lissabon*）等小說的德國哲學家帕斯卡・梅西耶（Pascal Mercier）在《生命尊嚴》（*What is Human Dignity?*）這本著作中，講述了工作和金錢對人類尊嚴的影響。簡言之，我們必須要有工作和金錢，才能達成自主與獨立，唯有自主與獨立，才能守護生命的尊嚴。

無法工作不僅只是無法賺錢，也代表無法對任何人有所貢獻。前一個章節稍微提過，如果無法對他人有所貢獻，自己將難有存在感。我們會認為自己是對他人毫無貢獻的無用之人，而這樣的否定情感將壓制我們的尊嚴。

關於沒有錢這件事，同樣是如此。如果沒錢，不僅無法對他人有所貢獻，更可能需要他人的幫助與救援。一旦被他人幫助，即使我們不願承認，仍然會成為弱勢的乙方。當我們開始經濟上和心理上的依賴，就很難實現自主。在製作讀者接納的書、提升公司的銷售、和同事合力創造獎金、政府提供援助金、評論家認同之外，更重要的是，完成這些事讓我感受到尊嚴。

我曾經有繼續攻讀研究所的夢想，因為很喜歡文學，所以希望一輩子留在文學的世界。父母很明白我對文學的喜愛，雖然未必打從心底願意，但他們說樂意在經濟上支持我。我不希望得到父母的任何幫助，因此打探了由國家或學校提供支援的方式。

我不清楚現在的方式為何，不過當時大學的研究若能獲選 BK21 計畫，將能得到獎學金。在我所就讀的大學國文系，若從事關於韓語和韓國文學的國際化研究，相對容易獲得獎學金。即使不是 BK21 計畫，只要從事當時教授希望進行的日治時期現代文學研究，也有許多領取獎學金的機會。因為熱愛文學而唸研究所的前輩就曾抱怨，自己研究的根本不是文學，而是韓國現代史。那時我才明白，即使念研究所，也不代表能專攻自己真正想學的東西，如果想要拿獎學金，就必須要做國家或學校期待的研究。

如果無法在經濟上獨立，任何了不起的工作都將失去意義。我們不能選擇，而是要被選擇，為了領取經費，我們將成為達成目標的棋子。領悟這個道理以後，我改變了心意，放棄念研究所，選擇畢業後直接投入職場。往後不論做什麼工作，經濟獨立都是最優先的選項。金錢在守護生命尊嚴上，可謂是最基本的底線。

當然，我對錢的野心也僅只於此。金錢對我的價值在於幫助我自立、為他人貢獻，若超過此界線，對金錢過於執著或衍生過多的願望，我們的尊嚴將消失殆盡。除此之外，更可能因此和他人產生糾紛、做出違背靈魂或人性的錯誤選擇、不合乎道德的行為。當金錢成為目標，尊嚴將不復存在。

看著那些受家裡支援、不用工作的人，總會讓我們心生羨慕。然而，那些人可能每天要面對心中的尊嚴問題。即使在外面可以佯裝富有、可以豪爽付費，甚至可以提供他人金錢援助，但他們終究必須和提供金援的人保持依賴關係。不僅如此，希望自己的能力和存在價值獲得認可的想法，更會不時竄出。

將金錢和尊嚴連結起來後，終於能具體討論該從何處逃跑、逃到哪裡。當我們的尊嚴遭受攻擊時，正是我們需要逃跑的時刻，舉凡沒有工作、沒有錢、無法自主的狀況、或是當自己的存在並非目的而是手段時，都是警鈴響起的時刻。

而我們要逃往的地方，正是和上述相反的狀況。能以工作和金錢自立自主的狀況、或是自我存在即為目的的狀況。

☸不要成為任何人、任何事的棋子

複製人自從出生開始，不存在任何目的，只是他人的棋子而已。當然這不存在於真實世界，不過基因複製技術日新月異，小狗、猴子等動物已有多次成功複製的案例。製造複製人的問題早已不是技術，而是關於其倫理性。

這些事或許在不久的將來就會到來，很久以前就曾以電影、小說或其他的方式，探討過這個問題。二〇一七年獲得諾貝爾文學獎的石黑一雄（Kazuo

Ishiguro）的代表作《別讓我走》（*Never Let Me Go*）就是其一。

海爾森的學生無法抽菸與喝酒，三餐也被嚴格控管。那裡的孩子從小就這麼被教育，根本不懂得該如何反抗。海爾森這間看似平凡的寄宿學校，其實藏有天大的祕密。這間學校的學生是複製人，他們出生的目的是為了提供人類需要的器官，這也是為什麼他們的健康被嚴格管理。幸運的是，其他地方的複製人就如同動物般被飼養，海爾森的學生至少得到人類的待遇，像平凡人一樣生活。當然，他們接受的教育僅止於對捐贈器官有幫助的知識。

海爾森的複製人不同於麥可・貝（Michael Bay）導演的電影《絕地再生》（The Island）中的複製人，他們很清楚自己存在的原因，並且接納自己的命運。《絕地再生》的複製人嘗試逃跑，也和人類起爭執，《別讓我走》中的複製人根本沒有逃跑的念頭。

這並不是別人的故事。我們從小接受的教育，都是為了維持體制。我們提供

勞動力、並按期繳納稅金、消費企業製作的產品、組織家庭並產生新的勞動力，甚至要義務保衛國家。我們在學校所接受的教育，都是為了幫助我們成為有能力完成這些事情的大人。

即使不是捐贈器官如此驚悚的目的，也許我們的存在有時候並沒有目的，甚至更接近別人的棋子。海爾森的學生並沒有自由，但如果你明白他們和我們並沒有什麼不一樣，就能理解為什麼他們總是順從、不抵抗。

《別讓我走》中的複製人唯一的希望，就是找到真愛——這個能夠延後三年捐贈器官的傳聞。即使他們明白傳聞存在虛假的可能性，但仍抱持一絲希望的生活著。從來沒有學過什麼是愛的他們，懷抱希望尋找真愛的故事，顯得既悲傷又美麗。人類的宗教和愛不也是如此嗎？只要心中擁有，就能讓人感覺得到救贖。即使可能是虛幻的存在，但若失去這個信念，卻會覺得生命了無希望。

相信愛能化解一切的他們其實很美好，甚至受困於如此堅信的狀態更美好。

如同《駭客任務》（The Matrix）中的世界勝過外在世界。真實，往往比現實還要殘酷。

將我們視為棋子的人，其實盼望我們認為一切美好，這也是他們之所以灌輸逃跑很卑鄙、不可取和不美好的原因。別像海爾森的學生一樣，只學別人所教授的、只過別人要求的生活！我們的存在，並不是為了別人。不論別人怎麼說，我們生命的存在至關重要，沒有任何原因能超越。

讓內在公正的觀察者維護尊嚴

在現代社會，我們或他人被視為棋子的原因，大部分是因為金錢。現今最能表現我們的單字是「消費者」。當我們成為擁有消費能力的客人，才能享受親切的待遇。英國年輕富豪羅伯·摩爾（Rob Moore）著作的《生活槓桿》（*Life*

Leverage），直截了當要大家利用別人的時間、才能和努力賺取金錢。或許現代資本主義社會的成敗，就取決於讓他人成為棋子，或是自己成為棋子。

這就是難以維持尊嚴的原因。稍微一鬆懈，自己和他人都會成為賺錢的棋子。即使是沒有做出非法的選擇，仍是如此。

經濟學家亞當・史密斯（Adam Smith）被稱作自由主義市場經濟之父，他提出「看不見的手」的觀點，可以解釋這個狀況。不過，在《道德情感論》（*The Theory of Moral Sentiments*）這本著作中，可以觀察到以道德哲學家觀點出發的亞當・史密斯。確實，亞當・史密斯不曾承認自己是經濟學家，又或者說，在那個時期根本沒有經濟學家。

十八世紀時，歐洲才開始盛行資本主義。當時商業開始發達，生產力大增，有些人逐漸開始累積財富。對於錢的認知，當然開始不同於以往。擁有的愈多，想要的愈多，這就是人類的野心。亞當・史密斯對於財富觀察的意義就在於此。

他認同人類的自私，並相信這樣的自私能讓社會整體成長，同時他也極度渴望人類不要因為錢而喪失尊嚴。

就如同《道德情感論》這個書名，他強調的不在於理性，而是感性。更具體來說，是對他人想法的同感。許多時候我們很自私，但有時候即使沒有任何利益，我們仍會感同身受他人的悲傷，想要幫助他人。他分享道，這樣的情緒不言而喻，無需去證明。世界愈富有、愈看重金錢，愈要喚醒我們內心本就存在的共感能力。

他要我們活在現實世界中，並提供我們能在日常生活中運用的思考觀點——「公正的觀察者」。每個人的心中都有公正的觀察者，我們需要好好去傾聽。這個觀點和我們時常聽聞的「活得有良心」的說法稍有不同。它比個人的良心還要更普遍、更客觀。

即使是大家認同的成功者，如果他內心的「公正的觀察者」備受指責，仍無法維護尊嚴。那樣的人很明白自己沒有被尊重的價值，容易漸漸誤入歧途。不僅如此，看著自己的追隨者，會讓他們深切感受金錢與名聲的威力，並厭惡自己的世俗。對自我的厭惡，會再轉化為對他人的厭惡，讓整個世界慢慢劣化。

仔細思考，拯救我的一直是公正的觀察者。任何人都會做錯事、都會做自私的選擇，也會危害他人。我也是如此。每當此時，我內在的公正的觀察者都會出現，提醒我多注意。幸虧我仔細聆聽了建言，阻止問題繼續擴大。除此之外，我也努力了解他人的心情。不過需注意的是，這並非指在意他人的目光或看法。

一般來說，如果不是共感能力特別低的人，絕大多數的人都能接收到他人的心情和內心的平靜。仔細觀察周遭的人的心情，並承接他們的正能量，會對自己有所幫助。

我們並非生命的單一主角，生命還含括其他的眾生，任何時刻都別忘了這一點。愈是過度看重自己的自戀者，尊嚴愈會被壓低。如果你被囚困於自己的監獄之中，仔細聆聽心中公正的觀察者的聲音，它會要你盡快逃跑、脫離心中的監獄。

為了恢復尊嚴找回生命的意義，必須脫離自我的囚禁，回到共同體之中。我們必須學習如何深入體會他人的心情。我們看書、看電影、聽音樂、欣賞藝術作品的原因，都是為了脫離自己，走進他人心中。此外，我們必須尊重所有的想法，並且不將他人的想法作為棋子。守護人類尊嚴的偉大道路，起始於這些微小的努力。祈求獲得神明祝福的羅斯先生曾經這麼說：

各位，歡迎來到地球，這裡的夏天炎熱，冬天寒冷。這裡的地方潮濕而擁擠，在這裡頂多活上百年而已。各位，我告訴你們唯一的生存規則——好好的生活吧！

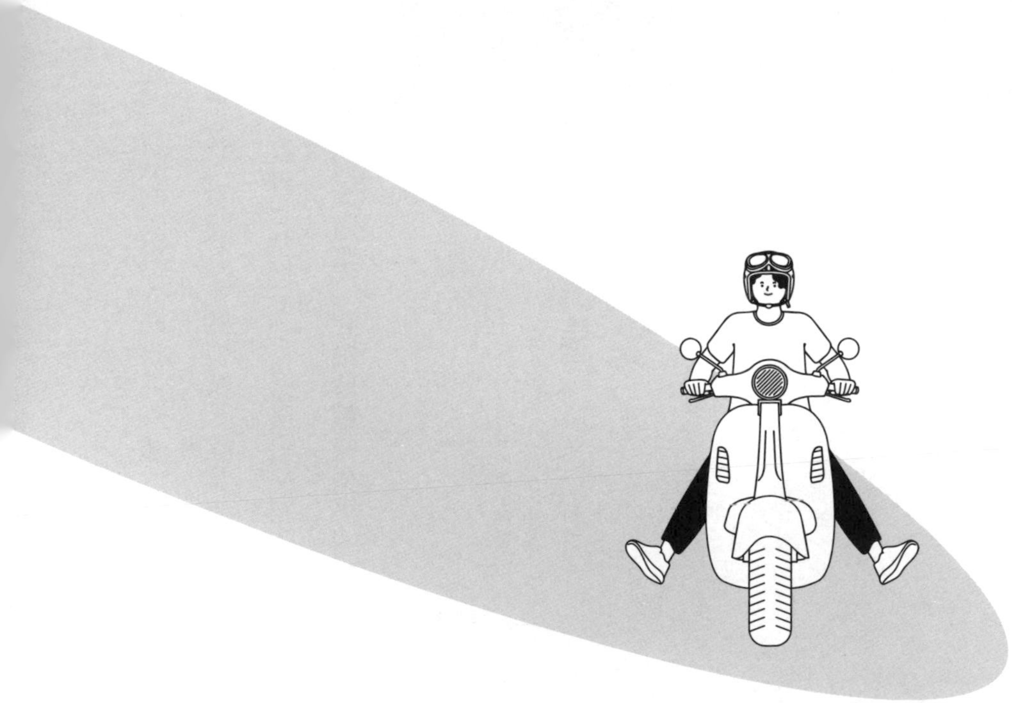

10

面對離別
微笑說再見

如果我們希望自己的生命能逃跑，
就應該寬待那些逃離我們的人。
因為自己想要的未必能獲得、
因為時間會改變關係、
因為很多事情我們不明白原因。

☸ 遭人遺棄瞬間的頓悟

在我進入三十歲的那一個月，發生了讓我深受打擊的事情。朋友說要閉關冷靜思考一個月，後來他就從我的人生中消失了。那位朋友很特別，也常常一個人躲起來想事情，所以起初我並不以為意。然而，一個月過去了，他卻沒有出現。打電話傳簡訊給他，都沒有獲得回應。我以為他這次消失得比較久，結果他僅只是消失在我的人生中。他和其他朋友的關係都沒有改變，只是將我從他的人生中刪除。

那位朋友和我相識超過十五年。高中時在大邱、大學時在首爾、當兵時在大邱，我們一直共享生活空間，甚至退伍後我到都柏林時，我們都曾一起住了數個月。在我的結婚典禮上，他也曾上台為我們致詞。我們經常見面、經常通話，也會互相分享心事和開玩笑。然而，這樣的朋友突然放下了我。

我花了不少時間，才接受了這件事。我相信一定有什麼原因，也相信他以後會向我說明。儘管如此，始終沒有聽到他的解釋。我左思右想仍百思不解，毫無頭緒到讓人困擾。如果我有犯什麼錯，他一定會前來指責我。這對十五年的交情來說，是最基本的禮儀。最終，我在原因不明的情況下被拋棄，也在生命中留下傷痕。

當然，生命中難免偶爾要和重要的人離別。有時候因為距離，漸漸少了聯繫，或是因為一些誤會，彼此不再相約，又或者因為志不同道不合而分別。這樣的離別都有原因。只要明白原因，即使再怎麼難過，都能打從心底接納。

這件事對我來說，根本毫無頭緒。因此，相較於怨恨那位朋友，不如說我對自己有著更重的不信任感。我開始認為，一定是自己犯了什麼錯或是有什麼問題，才會導致這樣的事情發生。因為不明白自己做錯什麼，所以內心認為自己是個沒有道德的人。我對自己的不信任，慢慢讓我在人際關係中失去自信。因為自己覺得羞恥，甚至不敢向妻子透露這件事。就這麼苦思了好幾年。隨著時間流逝，開始明白了一件事——我不能用不正確、沒有用的推論折磨自己，也不該怨懟對方，我只要用現有的資訊去理解事實就可以了。事實很單純，他再也不把我當朋友了。仔細思考，這件事比什麼都來的重要。或許有什麼原因，但不論是什麼都無所謂了。接受這個殘酷的事實後，心裡覺得輕鬆多了。

以那位朋友的立場來說，或許他也是拿出了很大的勇氣。雖然方法並不成熟，但或許是他深思熟慮後決定的逃離吧。他沒有停留在原地，而是盡全力跑往沒有我的相反方向。與其勉強維持關係，不如爽快分開較輕鬆自在。

經歷這件事情後，我把關係看得更淡了。保持適當距離的關係，更讓我有安全感。當我這麼做以後，再也不曾出現學生時期那種朋友環繞在身旁的輕鬆氣氛。**取而代之的是，我更期待認識新朋友，也很享受了解對方的過程。我不再追求舒服的關係，開始喜歡彼此保持距離，互相交流生命各種領域的關係。**

觀看描述被流放的學者丁若銓和青年漁夫昌大的電影《茲山魚譜》（The Book of Fish）時，讓我淚流不止。丁若銓的一句台詞「了解朋友愈多，了解自己就愈多」，我聽了打從心底認同。閱讀描述身體不舒服的少年和人工智慧機器人的友情故事《克拉拉與太陽》（*Klara and the Sun*）時，同樣讓我深受感動。這兩段特別的友情故事，十分地吸引我。

人家說年紀大了不好交朋友，這句話是錯誤的；朋友愈久愈好的說法，也不全然正確。重要的並非年紀或時間，而是慢慢互相了解對方的過程。如果不再持續了解對方，關係將變得了無生趣。假若固執希望維持長久的關係，除非能保持兒時的舒服氣氛，否則對方的怠慢，將會讓我們受傷。

如果我們希望自己的生命能逃跑，就應該寬待那些逃離我們的人——因為自己想要的未必能獲得、因為時間會改變關係、因為很多我們不明白原因的事情。重力由上到底的瞬間，所有的事物將如同塵灰般飄揚。

☸ 害怕被拋下的恐懼

每個人都恐懼被拋下——人類在部落生活的時期，被他人拒絕就意味著生命遭受威脅；在嬰幼兒時期被父母拋棄，也就代表著無法生存。人類直到成年，仍無止盡地害怕被主管、被老朋友、被相愛的戀人拋下，無時無刻生活在不安之中。這個問題關乎人類的自尊，自尊愈不健康的人，愈害怕被拋下。

很多朋友都曾遇過和我一樣的經驗，在無預警的情況下被拋棄，類似的狀況可說層出不窮。然而，人類的不安與恐懼，卻是很好的故事題材，文學更是預演這類未知狀況的最佳載體。

村上春樹（Haruki Murakami）的長篇小說《沒有色彩的多崎作和他的巡禮之年》（色彩を持たない多崎つくると、彼の巡礼の年）的主軸也是如此。三十多歲的鐵道公司員工多崎作在大學二年級時，突然被四位好朋友絕交，讓他因此落

入絕望之中。他和相愛的戀人坦承這件事，在女友的鼓勵下，他開始展開巡禮，去找尋那些朋友。他覺得如果明白朋友離開自己的理由，或許就能找回自己遺失的部分，抱持這樣的希望，他踏上巡禮路程。

這篇故事的主軸在於找尋被拋棄的原因，雖然並非懸疑小說，但引人入勝程度卻大過於找尋犯人的懸疑推理小說，原因就在於斷絕關係的恐懼感極大。對自己有意義、信任的人逃離自己，心裡的震撼自然不在話下。

跳脫時間和空間去找尋真相這件事，無法事先得知是安慰或絕望，說不定得像伊底帕斯王一樣，面對極度痛苦真相。或許就如同多崎作，發現有人撒謊，遲來地解開誤會，並療癒傷口、放下傷痛。不論自己是否做錯事，或許都已經不重要了。即使找出真相，自己所受的打擊也不會有任何改變。重要的只有被拋下的原因而已。回到頭來，對我們來說重要的並非找尋真相的過程，而是如何看待逃跑。我們必須思考，自己要以什麼樣的態度去看待。

我在存在主義中找到自己的態度。說明存在主義的方式很多，不過核心價值都是「主體性的恢復」。我們的存在，優先任何話語或解釋，我們是思考、感受，並且行為的存在。絕望或痛苦時，如果找不到自我，就無法解決任何問題。閱讀米蘭．昆德拉的小說，更能體會這個問題。

《賦別曲》（*Valčík na rozloučenou*）中的奧嘉在七歲時失去了爸爸，爸爸當時被以政治犯之名處刑。她成為孤兒後，由爸爸過去的同袍亞庫撫養。亞庫將自己視為奧嘉的保護者，也就是爸爸的角色，直到奧嘉成人都沒有改變。但有一天，亞庫厭倦了政治鬥爭，申請出國許可失敗後，他下定決心離開祖國。他找上奧嘉，為了和她做最後的道別。以奧嘉的立場來說，她認為這個時刻又有一位重要的人要離開自己了。

奧嘉其實並不害怕自己被留下來。成年的她，希望重新定義自己和亞庫的關係。在保護者與被保護者之外，她希望建立平等的男女關係，並開始誘惑亞庫。

她這麼做並不是為了讓亞庫留下來，而是希望自己和亞庫的關係能找回自主性。從奧嘉的態度中，絲毫找不到被留下者的悲傷與不安。她微笑著目送對自己重要的人離開。

☸ 擁抱不安是不被焦慮吞噬的方法

存在主義哲學家齊克果（Søren Aabye Kierkegaard）說，人類的身心潛藏著害怕被拋下、被遺忘的不安。這樣的不安，讓人類不斷地從家人、朋友身上找尋蛛絲馬跡。從某些角度而言，如何處理這些不安，決定了情緒層面的生命質量。害怕自己被拋下的人，飽受孤獨與憂鬱之苦，並折磨著自我。

齊克果提出的應對方式很簡單。他說人類的不安是理所當然的，必須要接納事實，熟悉這樣的不安。能夠感覺不安焦慮，才是此時此刻活著的證據。

艾倫·狄波頓（Alain de Botton）在《我愛身分地位》（*Status Anxiety*）中提到，人生就是一連串的焦慮相互取代，從一個慾望轉到另一個慾望的過程。只要接納焦慮不安的情緒，適當的焦慮就能帶領我們前行，並且成為讓我們更進步的原動力。

回想起來，至今成就我的都是這樣的不安。國中就讀男校的我，三年間都不曾和女生講過一句話。剛進入男女合校的高中時，緊張與焦慮不斷湧上。

我也想和女性當朋友，比起愛情，我更希望能擁有友情。當然，我也會害怕朋友不接納我。這樣的不安感，讓我開始行動。為了讓自己成為更好的人，我努力念書，也認真運動。我仔細聆聽對方說的話，並且感同身受他們的感覺，努力讓朋友展開笑顏。如果太過執著於對方，自己的魅力將瞬間消散，我很清楚這一點，因此我也努力保持界線。

高中三年的歲月，對我現在的影響至深。我學會了如何交朋友，無關乎性別。

現在的我女性朋友更多，打破了過去對性別的偏見。我明白了溝通對關係的重要性，也了解該如何掌握自己努力的時間和與他人相處的時間。簡言之，我學會了掌握生命平衡的方法，這也是我為了得到朋友的喜愛、為了成為更好的自己，付出努力得到的結果。

我曾經和同事分享這段學生時期的事情，同事說他也是如此，也說這就是所謂的「求關注」。我並沒有反駁他，因為這確實也是事實。不過，更有意義的觀察是，人類其實都有求關注的本能。因為想要被關注，所以會感覺不安，而這樣的不安，正是我們活著的證據。

放下一個焦慮，仍會有另一個焦慮找上門，重要的是，不論何時我們都不能被焦慮吞噬，我們必須擁抱焦慮，努力讓自己成為更好的人。**如果被焦慮吞噬，什麼事都做不了，只能築起保護自己的高牆。如果因為不想受傷，而不願對任何人敞開心胸，你將只能在狹小的世界感受更劇烈的焦慮，而且感受不到活著的感**

覺！我一刻也不想這麼活著，因此我努力和別人相處，也有勇氣面對離別與傷痛。存在主義面對焦慮的方式，就是積極行動。

即使我再怎麼努力，也不可能被所有人接納。甚至我曾經最重要的朋友，也選擇離開我。好朋友們的聚會唯獨沒有邀約我的狀況，也不時發生。任何人都是如此，隨時可能遇上難過的事，只是選擇要表現出來或佯裝沒事而已。

我隨時可以逃跑，任何人也都能夠隨時逃離我。我們要擁抱焦慮，也要擁抱他人離開我們的這件事。在廣大世界的冒險，不都伴隨著這樣的得與失嗎？不論在什麼時刻，都別忘了自己是人生的主角。越過層層關卡，帶著傷痕的我們會更堅強，也會成為更好的人。

結語－如何改變自己

我小心翼翼地向十分信賴的同事分享，自己想要寫一本以逃跑為主題的書。他的反應很直覺，他說自己最討厭逃跑的人。滿腦子都在思考逃跑的我，對於他的反應有些訝異，但也察覺這就是一般人對於逃跑的想法。這本書的目的也在於此——稍微改變一般人的想法，讓極度討厭逃跑的朋友敞開心房，一起思考、討論關於逃跑這件事。我希望他們能夠明白，除了勉強忍受之外，還有好的選擇，並鼓起勇氣去找尋方法。

究竟這本書能否達成這個目標，或許結果不會如我的預期。結果攸關乎讀者的選擇，但至少我在寫作這本書時，改變了很多事情。首先，我實現了過去僅止於想像的創業，成立了出版社。我離開十分喜愛的工作崗位，鼓起勇氣獨立，對於寫作本書產生莫大幫助。雖然這並不是逃跑，但我明白了逃跑需要的勇氣和挑戰的勇氣並沒有什麼不同。除此之外，我更自由了。我不再專注於自我的想法，更能思考外界的事物。我重新認識周遭重要的人，開始對他們更親切、更友善。我開始認識新朋友、學習新知識，走向新世界。此外，也開始努力活動身體和打坐。我走到外面的世界，才發現自己終於活得像自己。

當有貪求的東西時，我開始大膽放下念頭，面對無可奈何的事情，也終於能心平氣和的接受。雖然聽起來有些自大，但這其實和哲學家萊恩・霍利得（Ryan Holiday）的祈禱文、西奧多・澤爾（Theodore Zeldin CBE）追求的境界極為接近，也讓我更有自信。

神啊，請賜與我擁有接納不可改變的平靜、改變可改變的勇氣，以及分辨兩者的智慧。

前言引用了傑夫・戴爾（Geoff Dyer）的著作《懶人瑜珈》（*Yoga for People Who Can't be Bothered to Do it*），我就如他所言，不希望將人生虛耗於起身與坐下之間。蕭伯納（George Bernard Shaw）墓誌銘寫道：「我早就知道無論我活多久，這種事情還是一定會發生。」表明自己並不想離去。如果不想要勉強生活，想要過自我主宰的人生，即使可能面臨失敗，仍要奮勇帶領自己前往其他世界。我書寫這本書的過程，即是尋求「如何驅動自己」解答的過程。

或許有些人認為驅動自己並不難，但其實我們的生命，並不立足於土地之上，而是承載於波濤海浪。沒有任何的浪濤是一樣的，我們的生命也必須每天重新開始。要像熟練的衝浪者一樣自由自在隨浪擺動身體，其實不容易，因此我們大都不起身、不擺動身體，而是隨著浪波晃動。我們就像昨天一樣活著，靜靜看著命運決定帶我們前往何處。遇到困難的事情，我們選擇忍耐，等待風平浪靜，過著被動的人生。

唯有學會驅動自己，才能脫離隨波逐流，過上自己想要的人生。我們將能區分自己的浪與非自己的浪，並且相信自己的浪終究會到來，並事先準備待命。當自己等待的浪到來時，我們就能乘著浪，前往想去的地方。**這本書探討的逃跑技術，其實就是在人生的浪上，下定決心驅動自己的方法。我們要做的，是分辨自己的浪潮與否，並且在自己要的浪來臨時，要有勇氣乘上浪。**

我沒有辦法驅動那些對我來說很重要的人。我們經歷的一切問題，都來自於自我。別害怕改變，浪再大也別害怕啟動。

一個人思考，既孤獨又無力。思考應該要經過討論與修正，這個過程，同樣對他人有意義。

西奧多・澤爾（Theodore Zeldin CBE）的教誨，就如同這本書要透露的──一個人的孤獨無力感。終於，我有這個機會和各位讀者溝通，終於有機會調整自己的想法。我不清楚會有多少讀者閱讀這本書，但誠心希望透過這本書，讓我自己與各位讀者，都能夠重新思索自己的想法。當你的想法開始改變的那一刻起，名為意義的花朵，將美麗綻放。

參考文獻

——前言

傑夫·戴爾（Geoff Dyer）著，金賢宇譯，《懶人瑜珈》，韓國：熊津知識出版社，2014。

——第一章

菲利普·羅斯（Philip Milton Roth）著，鄭英牧譯，《報應》，韓國：文學村，2015。

海明威（Ernest Miller Hemingway）著，鄭英牧譯，《一個乾淨明亮的地方》，韓國：文學村，2012。

阿蘭（Alain）著，方孔譯，《論幸福》，韓國：東西文化社，2019。

——第二章

小川仁志著，李政奐譯，《一天一點笛卡兒》，韓國：樹木思想出版社，2017。

笛卡兒（René Descartes）著，蘇斗英譯，《談談方法、沉思錄、哲學原理》，韓國：東西文化社，2016。

伊坂幸太郎著，金素瑩譯，《金色夢鄉》，韓國：熊津知識出版社，2008。

朱利安・巴恩斯（Julian Barnes）著，崔世熹譯，《回憶的餘燼》，韓國：樹木思想出版社，2012。

——第三章

阿蘭（Alain）著，方孔譯，《論幸福》，韓國：東西文化社，2019。
伊恩・麥克尤恩（Ian McEwan）著，韓正娥譯，《贖罪》，韓國：文學村，2003。
加斯東・巴謝拉（Gaston Bachelard）著，鄭瑛蘭譯，《空氣與夢》，韓國：理學社，2000。
詹姆斯・喬伊斯（James Joyce）著，李尚玉譯，《青年藝術家的肖像》，韓國：民音社，2001。

——第四章

西格蒙德・佛洛伊德（Sigmund Freud）著，洪惠景譯，《精神分析講義》，韓國：OPEN BOOKS 出版社，2020。
哈金著，王恩哲譯，《作曲家和他的鸚鵡》，韓國：時空社，2011。
羅蘭・巴特（Roland Barthes）著，金希英譯，《戀人絮語》，韓國：東文選，2004。
F・司各特・費滋傑羅（F. Scott Fitzgerald）著，金永夏譯，《大亨小傳》，韓國：文學村，2009。

——第五章

勒內・吉拉爾（René Girard）著，宋希景譯，《浪漫的謊言與小說的真實》，韓國：Hangilsa 出版社，2001。

威廉・薩默塞特・毛姆（William Somerset Maugham）著，宋牧譯，《月亮與六便士》，韓國：民音社，2000。

塞繆爾・斯邁爾斯（Samuel Smiles）著，張曼基譯，《自助論》，韓國：東西文化社，2017。

馬光洙，《倦怠》，韓國：文化思想社，1998。

艾伯托・莫拉維亞（Alberto Moravia）著，李賢景譯，《煩悶》，韓國：Yolimwo 出版社，2005。

——第六章

金宣祐，《發願》，韓國：民音社，2015。

喬丹・彼得森（Jordan Peterson）著，姜柱憲譯，《生存的 12 條法則》，韓國：Maven 出版社，2018。

安德魯・波特（Andrew J.Porter）著，金怡善譯，《光與物質理論》，韓國：文學村，2019。

斯溫・布林克曼（Svend Brinkmann）著，姜景益譯，《節制的技術》，韓國：茶山草堂出版社，2020。

——第七章

平野啓一郎著，李英美譯，《何為自我》，韓國：BOOK21 出版社，2015。

米蘭・昆德拉（Milan Kundera）著，李宰隆譯，《身分》，韓國：民音社，2012。

吉爾・德勒茲（GillesDeleuze）著，金載仁譯，《千高原》，韓國：Saemulgyul 出版社，2001。

喬治・佩雷克（Georges Perec）著，金明淑譯，《事物》，韓國：Penguinclassicskorea 出版社，2011。

雅克・德希達（Jacques Derrida）著，南秀仁譯，《書寫與差異》，韓國：東文選，2001。

哈金著，金延秀譯，《等待》，韓國：時空社，2007。

——第八章

徐東煜，《法國哲學的偉大時期》，韓國：Banbi 出版社，2014。

李昌來著，鄭英牧譯，《姿態人生》，韓國：RHK KOREA，2014。

西奧多・澤爾（Theodore Zeldin CBE）著，文熙京譯，《人生的發現》，韓國：Across 出版社，2106。

鄭玄宗，《訪客》、《光輝的私語》，韓國：文學與知性社，2008。

約納斯・約納松（Jonas Jonasson）著，林鎬京譯，《爬出窗外並消失的百歲老人》，韓國：

OPEN BOOKS 出版社，2013。
彼得・杜拉克（Peter Ferdinand Drucker）著，李宰奎譯，《彼得・杜拉克的管理聖經》，韓國：韓國經濟新聞，2003。
岸見一郎、古賀史健著，全景娥譯，《被討厭的勇氣》，韓國：Influential 出版社，2014。

——第九章

全峯寬，《樂喜京城》，韓國：Sallim 出版社，2007。
寇特・馮內果（Kurt Vonnegut）著，金韓英譯，《上帝保佑你，羅斯瓦特先生》，韓國：文學村，2010。
帕斯卡・梅西耶（Pascal Mercier）著，文杭辛譯，《生命尊嚴》，韓國：銀杏樹出版社，2014。
石黑一雄著，金南朱譯，《別讓我走》，韓國：民音社，2009。
羅伯・摩爾（Rob Moore），《生活槓桿》，韓國：Dasanbooks 出版社，2017。
亞當・史密斯（Adam Smith）著，金光秀譯，《道德情感論》，韓國：Hangilsa 出版社，2016。

——第十章

村上春樹著，楊毅冠譯，《沒有色彩的多崎作和他的巡禮之年》，韓國：民音社，2013。

米蘭・昆德拉（Milan Kundera）著，權恩美譯，《賦別曲》，韓國：民音社，2012。
索倫・奧貝・齊克果（Søren Aabye Kierkegaard）著，林奎政譯，《焦慮的概念》，韓國：Hangilsa 出版社，1999。
艾倫・狄波頓（Alain de Botton）著，鄭英牧譯，《我愛身分地位》，韓國：銀杏樹出版社，2011。

——結語

萊恩・霍利得（Ryan Holiday）、史提芬・漢賽蒙（Stephen Hanselman）著，張元哲譯，《回到自己的內心，每天讀點斯多噶》，韓國：SMALLBIG MEDIA 出版社，2018。
西奧多・澤爾（Theodore Zeldin CBE）著，文熙京譯，《人生的發現》，韓國：Across 出版社，2106。

我逃跑時的臉孔最勇敢

作　　者	尹圪（윤을）
繪　　者	金秀顯（김수현）
譯　　者	陳靖婷
文稿編輯	周嘉慧
責任編輯	何維民
版　　權	吳玲緯
行　　銷	吳宇軒　陳欣岑
業　　務	李再星　陳紫晴　陳美燕　葉晉源
副總編輯	何維民
總 經 理	陳逸瑛
發 行 人	凃玉雲

出　　版　麥田出版
104 台北市民生東路二段 141 號 5 樓
電話：(886) 2-2500-7696　傳真：(886) 2-2500-1967
發　　行　英屬蓋曼群島商家庭傳媒股份有限公司城邦分公司
104 台北市民生東路二段 141 號 11 樓
書虫客服服務專線：(886) 2-2500-7718、2500-7719
24 小時傳真服務：(886) 2-2500-1990、2500-1991
服務時間：週一至週五 09:30-12:00，13:30-17:00
郵撥帳號：19863813　戶名：書虫股份有限公司
讀者服務信箱 E-mail：service@readingclub.com.tw
麥田部落格：http://blog.pixnet.net/ryefield
麥田出版 Facebook：http://www.facebook.com/RyeField.Cite/
香港發行所　城邦（香港）出版集團有限公司
香港灣仔駱克道 193 號東超商中心 1 樓
電話：(852) 2508-6231
傳真：(852) 2578-9337
馬新發行所　城邦（馬新）出版集團【Cite (M) Sdn Bhd.】
41-3, Jalan Radin Anum, Bandar Baru Sri Petaling,
57000 Kula Lumpur, Malaysia.
電話：(603) 9056-3833
傳真：(603) 9057-6622
E-mail：service@cite.my

印　　刷　前進彩藝有限公司
電腦排版　周嘉慧
書封設計　巫麗雪

初版一刷　2022 年 9 月

定價／320 元
ISBN：978-626-310-276-7

나는 도망칠 때 가장 용감한 얼굴이 된다

國家圖書館出版品預行編目 (CIP) 資料

我逃跑時的臉孔最勇敢 / 尹圪著 ; 金秀顯繪 ;
陳靖婷譯 . -- 初版 . -- 臺北市 : 麥田出版 :
英屬蓋曼群島商家庭傳媒股份有限公司城邦分公司
發行 , 2022.09
232 面 ; 15 × 21 公分
譯自 : 나는 도망칠 때 가장 용감한 얼굴이 된다
ISBN 978-626-310-276-7(平裝)